国际矿产品市场变化与中国的应对策略(2018)

GUOJI KUANGCHANPIN SHICHANG BIANHUA YU
ZHONGGUO DE YINGDUI CELÜE(2018)

成金华 洪水峰 张 亚 等编

内容提要

本书以石油、天然气、煤炭、铁、钨、锡、锑、钼等矿产品为研究对象,利用动态跟踪收集的国内外矿产品市场价格、供需和贸易数据,围绕当前国际政治经济环境和国际矿产品市场发展现状,分析国际矿产品市场的变化对中国国际贸易、产业结构的影响,研究中国矿产品市场竞争格局和竞争策略,深入剖析中国矿产品市场竞争结构和行业集中度,评价中国矿产品市场的技术创新能力、市场占有率,找出中国矿产品市场发展过程中存在的缺陷和不足,为中国矿产品市场的未来发展和中国在国际矿产品市场竞争力的提升提供有力依据和可行措施。

图书在版编目(CIP)数据

国际矿产品市场变化与中国的应对策略(2018)/成金华,洪水峰,张亚等编. —武汉:中国地质大学出版社,2018.12
ISBN 978-7-5625-4553-8

Ⅰ.①国⋯
Ⅱ.①成⋯ ②洪⋯ ③张⋯
Ⅲ.①矿产-工业产品-商品价格-影响-国际贸易-研究-中国
Ⅳ.①F740.3 ②F752.654

中国版本图书馆 CIP 数据核字(2019)第 080028 号

国际矿产品市场变化与中国的应对策略(2018)	成金华 洪水峰 张 亚	等编
责任编辑:龙昭月	责任校对:周 旭	
出版发行:中国地质大学出版社(武汉市洪山区鲁磨路388号)	邮政编码:430074	
电 话:(027)67883511 传 真:(027)67883580	E-mail:cbb@cug.edu.cn	
经 销:全国新华书店	http://cugp.cug.edu.cn	
开本:787毫米×1092毫米 1/16	字数:256千字	印张:10
版次:2018年12月第1版	印次:2018年12月第1次印刷	
印刷:荆州鸿盛印务有限公司	印数:1—600册	
ISBN 978-7-5625-4553-8	定价:36.00元	

如有印装质量问题请与印刷厂联系调换

目 录

国际矿产品市场年度概况 …………………………………………………… (1)

第一篇 国际能源市场篇

第一章 世界能源市场格局 ……………………………………………… (13)

第一节 石油市场格局 ………………………………………………… (13)

第二节 天然气市场格局 ……………………………………………… (17)

第三节 煤炭市场格局 ………………………………………………… (20)

第二章 国际化石能源市场定价机制与展望 …………………………… (24)

第一节 石油定价机制 ………………………………………………… (24)

第二节 天然气定价机制 ……………………………………………… (30)

第三节 煤炭定价机制 ………………………………………………… (36)

第四节 主要化石能源价格走势与预测 ……………………………… (39)

第三章 中国面临机遇与挑战及政策建议 ……………………………… (51)

第一节 中国面临的发展机遇 ………………………………………… (51)

第二节 中国面临的重大挑战 ………………………………………… (54)

第三节 政策建议 ……………………………………………………… (58)

第二篇 黑色金属市场

第四章 全球铁矿石市场格局 (63)

第一节 全球铁矿石产量稳中有升 (63)

第二节 中国、日本、欧盟、韩国是铁矿石的主要进口国家和地区 (64)

第三节 澳大利亚、巴西为主要出口国,出口份额持续增加 (65)

第四节 中国铁矿石价格与钢价正相关性较强 (67)

第五节 2017年上半年价格突破70美元/t (69)

第五章 全球主要矿商竞争优势 (71)

第一节 四大矿商储量大、品位高、成本低 (71)

第二节 国内矿山储量较大,品位较低,成本高 (79)

第六章 铁矿石市场未来展望及政策建议 (85)

第一节 钢材长期需求增长乏力 (85)

第二节 钢铁贸易摩擦不断增加 (87)

第三节 四大矿商垄断地位强化 (88)

第四节 成本持续下降,品位价差趋小 (90)

第五节 未来两三年铁矿石价格为50~70美元/t (92)

第六节 中国的机遇与挑战并存 (93)

第七节 政策建议 (97)

第三篇 国际有色金属市场篇

第七章 全球有色金属贸易格局 (101)

第一节 世界钨贸易格局 (101)

第二节　世界锡贸易格局 …………………………………………………… (107)

　　第三节　世界锑贸易格局 …………………………………………………… (111)

　　第四节　世界钼贸易格局 …………………………………………………… (116)

第八章　全球有色金属价格分析 ………………………………………………… (120)

　　第一节　有色金属历史价格走势分析 …………………………………… (120)

　　第二节　"中国因素"影响国际有色金属价格 …………………………… (122)

　　第三节　有色金属价格趋势预测 ………………………………………… (124)

第九章　现状、挑战与机遇及对策建议 ………………………………………… (133)

　　第一节　现状资源优势未能充分发挥，缺乏国际定价权 ……………… (133)

　　第二节　挑战 ……………………………………………………………… (138)

　　第三节　机遇 ……………………………………………………………… (141)

　　第四节　对策建议 ………………………………………………………… (143)

参考文献 ………………………………………………………………………… (146)

后　记 …………………………………………………………………………… (152)

国际矿产品市场年度概况

一、国际能源市场变化概况

当前,世界能源市场正处于重要转型时期,不仅受到产业长期转型的持续作用,还受到一些短期硬性因素的制约。这种转型和调整,一方面体现在国际能源价格的持续低迷,2016年能源消费增长依旧缓慢,需求增长连续3年低于1%;另一方面体现在主要化石能源生产国、消费国战略的变化上。在此背景下,本书通过研究石油、天然气和煤炭3类化石能源的市场格局和定价机制,剖析了主要化石能源定价机制的演变规律和发展趋势,探求了我国面临的机遇和挑战,并提出了相应的对策建议,以保障国家资源安全、提升市场话语权。

1. 世界能源产量增速减缓,亚太地区成为能源需求新增长点

石油产量增速减缓,美国和沙特是增量主力。2016年,世界石油产量43.82亿t,增速仅为0.53%,同比下降2.65%。世界石油需求处于较低迷状态,亚洲地区的石油消费量占比35.25%,成为世界石油消费的主力。2016年,美国石油产量5.43亿t,比2015年减少了0.22亿t,但2017年上半年美国页岩油产量不降反升,是石油增量的主力。中国石油产量近2亿t,下降了7.2%,对外依存度上升至68%,为历史最高值。

2016年,全球天然气消费量增加了630亿m^3,产量基本持平,由于天然气价格的小跌导致美国天然气产量自2005年页岩气革命后首次下降。亚太地区天然气消费量全球占比20.3%,同比增长2.7%,其中中东(3.5%,190亿m^3)和中国(7.7%,160亿m^3)天然气消费大幅增加。亚太地区或成为未来世界天然气消费市场的主要增长点。

2016年,全球煤炭产量下降了6.2%,其中中国下降了7.9%,为历史上的最大降幅。煤炭消费在全球一次性能源消费的占比降至22.8%,煤炭消费重心加速向亚洲(73.8%)转移。

2. 石油市场定价机制为"金融定价",采用以"基准期货价格"为中心的公式定价法

全球石油贸易定价机制经历了4个发展阶段,从最初的普通商品定价模式,到卡塔尔垄断的定价模式,直至今日的金融定价模式,石油供求关系、地缘政治风险和市场证券化反映了国际原油市场定价机制的演变。目前以五大现货市场和三大期货市场为主的国际石油市场格局决定了当前全球的原油金融定价模式:自由竞争价格。

国际石油市场采用公式定价法,该定价方法以基准的期货价格为定价中心,西德克萨斯轻质原油价格(WTI)和北海布伦特原油价格(Brent)是主要的两大国际基准原油价格。未

来全球石油消费增速将持续放缓、供给将维持宽松,全球能源格局将发生变化,原油的定价机制由边际需求定价将快速回归到边际成本定价,中东产油国现有的原油定价机制受到来自 OPEC 内部和外部的挑战。中国石油价格的形成机制经历了"双轨"定价、统一定价、与国际接轨、向基于市场的税收调节转变等阶段,目前中国原油价格基本实现了市场调节。

3. 天然气市场主要有"气-气"竞争、与替代能源价格挂钩和政府管制 3 种定价机制

随着全球天然气市场的演变,北美、欧洲和亚太三大区域市场形成不同的定价机制。天然气市场发育成熟的北美地区国家和英国、荷兰等欧洲国家采用"气-气"竞争的定价模式。欧洲大陆多数国家和亚洲的日本、韩国采用与替代能源价格挂钩的定价模式,这种定价机制主要通过合同谈判达成交易价格。在市场发育不成熟的发展中国家和资源国,多采用政府管制的定价模式。随着天然气市场进入快速发展时期,区域性的市场格局将逐步被打破,天然气贸易快速增长将促进全球一体化天然气市场形成,未来天然气定价将逐步转向完全的市场定价。

4. 煤炭市场以中长期合同为主,全球尚未形成统一的定价机制

从市场发展情况来看,由于国际煤炭贸易存在着商品标的难以标准化、运输、库存等一系列问题,国际煤炭市场难以形成统一的定价机制。对于中国煤炭市场而言,环渤海煤炭价格是中国从事进出口煤炭行业参与者的重要决策参考,环渤海动力煤价格指数(秦皇岛现货价格)基本由国内市场决定,与石油、天然气的定价机制不同。我国煤炭价格基本上实现了由市场决定,政府可以根据市场情况调节煤炭供应量,从而间接影响煤炭价格。

5. 价格预测:原油价格与煤炭价格稳中有涨,天然气价格保持低位

原油生产成本是支撑油价平稳上涨的主要因素。本书根据主要产油国的原油生产成本(仅美国页岩油、俄罗斯和 OPEC 国家的生产成本低于全球平均成本线)及完全成本(盈亏平衡价格)的评估,预判未来两三年国际油价将平稳波动上涨。石油供需较为宽松的格局已经形成,石油周期进入缓和低油价阶段,长期油价不会超过 80 美元/桶。

由于天然气具有价格低廉、供应充足、空气污染少等特征,预计到 2035 年,世界天然气贸易总量将达到约 12 000 亿 m^3,其中管道气和液化气的贸易量仍将平分秋色。欧洲与亚洲天然气价格经历短暂上涨后重回低位,北美天然气价格继续保持低位震荡;全球天然气价格将进一步趋同并保持低位徘徊,亚洲天然气价格将微降至 0.3~0.5 美元/m^3,欧洲天然气价格维持在 0.2~0.4 美元/m^3,北美天然气价格微升至 0.1~0.2 美元/m^3。

2016 年,国际煤炭市场价格出现反弹增长,煤炭价格强劲上涨的主要原因来自于全球煤炭库存的大幅下降。煤炭价格经低位震荡后触底回升。2017—2020 年,全球经济将整体复苏,在美国经济继续向好和新兴经济体经济增速略有回升的背景下,全球能源需求将继续增加,预计总体上仍将处于震荡上行的态势。随着中国去产能速度加快,国际煤价有可能仍会稳步回升。

6. 在世界能源格局调整、定价机制演变和市场价格波动的背景下，中国面临诸多机遇与挑战

国际期货市场对于大宗商品的价格的作用和影响力日益扩大，但亚洲没有一个能够准确反映本区域市场供需并在原油定价上有较强影响力的原油期货合约。在适当时机推出我国的原油期货将有助于形成新的原油基准价格体系，来反映中国以及亚太地区石油市场供求关系，通过市场优化石油资源配置，服务实体经济。

"一带一路"倡议的开展提供了人民币国际化的新动力。"一带一路"倡议实施以来，中国同沿线国家的油气合作步伐逐步加快，合作领域、合作成果更加显现。中国西北、东北、西南和东部海上的四大跨国油气战略通道业已成型，资源优势叠加贸易优势，给予人民币国家化的良好前景。在油价下跌且持续低迷的时期，我国进一步扩充了石油战略储备，基本完成了储备扩充，但由于建设周期等因素影响，中国战略性原油储备短期内很难扩充。

随着美国页岩气开发成本的降低，其产量将会有大幅的增加，未来全球LNG（liquefied natural gas，液化天然气）市场或将呈现美国、澳大利亚、卡塔尔"三足鼎立"格局；中国页岩气开发成本偏高，短期内LNG进口集中度局面依旧，但随着全球天然气市场一体化的趋势，这种局面将有所改善。

煤炭去产能任务艰巨，过剩产能的退出在一定程度上导致了煤炭价格的波动；煤制油等清洁利用方式作为技术储备，可以增强我国应对未来价格波动的能力。

在此背景下，我国应进一步扩大期货产品的选择范围与交易量，增强我国原油期货市场在国际石油贸易中的影响力。同时，及时采取有效措施加强风险防控。鼓励国内企业"走出去"积极参与海外天然气资源开发，同时积极扩展上海石油天然气交易中心的影响力，加大与产气国的竞争合作，提高议价能力。加快与"一带一路"沿线国家建立"石油人民币"体系，深化"一带一路"沿线原油期货市场的推广和合作，逐步建立石油金融的人民币体系，提升人民币在国际货币市场中的地位。科学规划煤炭去产能，减少政府干预，合理规划部署煤炭去产能步伐，选择科学的方法，把握适度的节奏，避免煤炭价格大幅波动。

二、国际黑色金属市场变化概况

铁矿石作为钢铁生产的原料，对于一国的工业乃至整体经济的发展都有着重要的影响。中国高度依赖于海外铁矿石资源，在经济进入"新常态"的背景下，稳定可靠的铁矿石供应、合理的交易价格对中国至关重要。2004—2017年，国际铁矿石市场也发生了深刻的变化，铁矿石价格最高达到187美元/t，最低仅为40美元/t，价格的大幅波动对主要贸易国的宏观经济和相关企业都产生了较大的冲击。在此背景下，本书通过对比分析全球铁矿石市场格局和国内外矿山的竞争优势，剖析了铁矿石市场发展规律，探求了我国面临的机遇与挑战，并提出了相应的政策建议，保障国家资源安全，提升市场话语权。

1. 全球铁矿石市场供大于求格局依旧，澳矿、巴西矿垄断市场，中国为第一进口大国

全球铁矿石贸易供过于求格局依旧。2010—2012年，铁矿石供需关系呈现弱平衡态势；2014年全球铁矿石产量超过消费量1.09亿t；2015年全球铁矿石产量超过消费量1.72亿t；2016年，全球铁矿石产量超过消费量0.24亿t，铁矿石市场处于弱平衡状态。

澳大利亚矿产市场与巴西矿产市场垄断格局更为巩固。2016年，全球铁矿石出口量15.02亿t，其中澳矿和巴西矿分别出口8.53亿t、3.74亿t，占世界出口总量的56.80%和24.89%。2016年，世界铁矿石进口总量14.42亿t，其中，中国10.24亿t，日本1.3亿t，欧盟1.02亿t，韩国0.72亿t，上述4个国家和地区进口总量占比92.13%。从总体进出口量来看，全球铁矿石进口量与出口量基本一致。

2016年，中国铁矿石进口主要来自澳大利亚、巴西、南非、印度等国家，进口量小幅增加。与2015年进口来源相比，变化不大。2016年进口澳矿6.39亿t，占比62.49%；进口巴西矿2.15亿t，占比20.95%；进口南非矿0.45亿t，占比4.38%；进口印度矿0.16亿t，占进口总量的1.52%。

2. 四大矿商储量[①]大、品位高，成本优势明显，竞争优势显著

2016年，全球铁矿石原矿储量为1700亿t，主要集中在澳大利亚(31%)、巴西(13%)、俄罗斯(15%)和中国(12%)。虽然中国原矿储量大，但品位较低(31%)，远低于澳矿(49%)与巴西矿(55%)。我国国内铁矿石分布较广，其中，辽宁(25%)、河北(13%)、四川(12%)与内蒙古自治区(12%)的储量较为丰富，但集中开采难度大。

淡水河谷、必和必拓、力拓及FMG[②]的原矿储量占全球的18%，含铁量储量占全球的20%，四大矿商相对于国内矿山来说优势显著。

四大矿商铁矿石产量占全球比例过半，铁矿石行业呈现出以四大矿商为主的寡头垄断格局。2016年，淡水河谷产量3.49亿t、力拓2.81亿t、必和必拓2.26亿t，FMG 1.69亿t，合计总产量10.25亿t，占全球铁矿石总产量的51.10%。全球铁矿石产量的增量基本来源于四大矿商，而四大矿商仍在不断追加开发投资，落实原有矿山扩产计划，提升产能水平，巩固国际矿业市场中的垄断地位。

2015年以来，中国铁矿石产量逐渐下降。2016年，中国铁矿石原矿产量12.81亿t，同比下降7.27%。但限于中国铁矿石的品位较低，12.81亿t的原矿产量实际含铁量远低于海外矿山。近年来，我国铁矿石对外依存度不断攀升，特别是铁矿石价格进入下滑通道以来，进口矿竞争力优势明显，国内钢厂更多使用进口矿，导致一大批高成本矿山停产或关闭。2016年，我国铁矿石对外依存度攀升至77.90%，较2015年提高6.4个百分点。

[①] 矿企掌握的储量。
[②] Fortescue Metals Group Ltd.，澳大利亚第三大铁矿石出口商，成立于2003年。

3. 四大矿商开采成本为 13～15 美元/t，现金成本维持在 21～27 美元/t，中国矿山生产成本较高

根据四大矿商年报信息，采用矿山通用的成本指标和计算方法，对比不同维度的成本指标（开采成本、现金成本、完全成本）和价格与产量的关系，我们判断四大矿商的成本具有绝对优势，从开采成本角度来看，四大矿商的采矿成本在 13～15 美元/t，到岸现金成本为 21～27 美元/t。只要国际铁矿石价格未跌破四大矿商现金成本支撑位，四大矿商就仍有扩产动机。

2015 年，四大矿商采用降本增效的方式应对铁矿石的价格下跌。2016 年，全球铁矿石价格回升，生产成本下降及相关费用支出削减，四大矿商公司的经营业绩和利润均有所改善。国内矿商应对价格下跌的方式是控制产能利用率。中国钢企数量庞大但集中度低，排名前十的钢企产量仅占全国总产量的 35%，盈利水平也低于四大矿商。铁矿石经营情况延续下滑态势，勘探开发投资继续萎缩，国内矿商的生存和发展面临更大挑战。

4. 在全球铁矿石贸易格局演变、价格波动背景下，中国面临诸多机遇与挑战

1) 市场供需双方格局转变有助于供求双方达成新的长期供货协议

2016 年，中国粗钢产量增长主要得益于需求复苏及补库存需求。2016 年，中国粗钢表观消费 6.81 亿 t，同比增长 1.3%。增长主要来源于当年基础设施、房地产和汽车行业的超预期增长；但同时造船、大型机械等制造业及家电、能源等行业用钢需求却在减少。因此，2016 年粗钢表观消费量仅略有增长。

根据中国地质科学院《2015—2040 年全球铁矿石供需趋势分析》分析，未来 30 年全球粗钢消费总体仍将呈上升趋势，从 2013 年的 16.47 亿 t 上升到 2030 年的 23.10 亿 t，但增速会明显放缓。未来，全球粗钢消费的主要增长点将来自于亚洲的印度和东盟地区，这也是在中国需求下滑后全球粗钢消费依然保持增长的主要原因。

未来四大矿商将会采取一些措施继续降低成本和扩张产能，如提高低品位铁矿石的铁含量、降低杂质含量，结构性地改善铁矿石的剥离率等。2018 财年，FMG 现金成本降至 11～12 美元/t。尽管过去几年铁矿石价格进入下降通道，但四大矿商仍然投入大量资本支出进行产能扩张。预计四大矿商到 2020 年铁矿石产能有望提升至 12.40 亿 t。

中国应把握供过于求的局面，争取铁矿石定价权向以中国为代表的买方市场倾斜。当前的铁矿石贸易格局与 20 世纪 80 年代的原油贸易格局十分相似，公认的定价中心尚未形成，贸易定价方式多元化，国际贸易量逐年增大，又恰逢铁矿石供需关系逆转，定价优势开始由卖方转向买方，中国应把握这一历史机遇。

2) 中国废钢消费比例逐步增加，有望减少铁矿石进口量，减少对外依存度

未来中国的铁钢比将缓慢下降，废钢资源利用上升。中国年度废钢回收量随着粗钢蓄积量的增长将快速增长后稳定在一个较高的水平。考虑到不同行业钢铁的典型生命周期，中国建筑业增长放缓的预期可能会延长现有钢铁基础设施的使用寿命，从而减少废钢的可用性。预计未来 10～20 年，中国废钢回收率会逐步提高 4%～7%，2030 年废钢消费量约为 1.6 亿 t，废钢比达到 24% 左右。

5. 以四大矿商到岸现金价格作为成本支撑位,未来铁矿石价格将保持在50~70美元/t之间波动

在铁矿石产量与价格的博弈中,只要铁矿石价格未跌破四大矿商到岸现金成本支撑位,四大矿商就不会减产,并将选择通过扩产、降低资本支出、改善生产结构、提高生产效率等方式来降本增效。未来两三年的供求关系仍是决定铁矿石价格的根本因素,铁矿石库存和金融属性的加剧致使铁矿石价格波动幅度加大。

根据对未来铁矿石供需情况的分析,结合主流矿山和国内矿山生产成本,综合考虑金融、库存、海运、实体经济等方面的因素,借鉴德意志银行、汇丰银行、巴克莱银行等金融机构的研究成果,预计未来两三年全球铁矿石价格为50~70美元/t。

在此背景下,为应对国际铁矿石市场的变化,保证中国资源、经济安全和企业经营安全,我国应该进一步深化钢铁企业供给侧结构性改革,维护钢铁市场平稳运行,应严格控制新增产能,以淘汰落后产能,清除违法违规产能。同时,钢铁行业"去杠杆"迫在眉睫,做好化解过剩产能中的债务处理工作,具备债转股条件的企业要努力争取债转股政策,积极适应市场变化,采取有效措施应对国际铁矿石市场风险。同时,我国应积极推动钢铁产业结构调整,加快钢铁企业兼并重组,加强生产经营规范管理,提高国内钢铁行业集中度和市场竞争力,保障我国钢铁行业健康发展,以提高我国大型钢企在国际铁矿石市场的议价能力。另外,我国还应通过技术创新降低开采成本,稳定国内铁矿供应能力,降低铁矿石的对外依存度。

三、国际有色金属市场变化概况

钨、锡、锑、钼是我国传统的优势矿产资源,广泛应用于航空航天、交通、冶金、电气军工、阻燃剂等行业。21世纪以来,我国对钨、锡、锑、钼资源的需求空前增长,产品除满足国内需求外还大量出口国外,导致资源静态保障年限逐渐降低,资源优势正在逐步减弱。同时,我国有色金属在国际市场上缺乏与资源地位相匹配的话语权,"优而不优"的局面长期存在。在此背景下,本书对4种有色金属的贸易格局和市场价格进行分析,探求我国面临的机遇与挑战,并提出相应的对策建议,以保障国家资源安全并提升市场话语权。

1. 中国是钨、锡、锑、钼的资源、生产和消费大国,大量进口矿石原料经冶炼加工后出口初级产品,作为世界"加工厂"的角色依旧

2016年,我国钨、锡、锑、钼4种资源储量占全球资源储量的比例分别为61%、24%、35%和43%,产量占比依次为82%、48%、79%和40%,同时我国也是4种金属的最大消费国,在国际有色金属市场上占有举足轻重的地位。

2016年,中国进口钨精矿4079t,占全球总进口量的30%,位居世界第一。我国是钨酸盐的最大出口国,2015年出口量3361t,占全球贸易量的50%。近年来,受出口政策影响,我国钨制品出口量呈下降趋势,但作为主要钨品出口国的地位并未受到影响,2015—2016年净出口量逐年增长。

全球锡贸易主要包括锡精矿和精炼锡。我国是锡精矿第一进口大国,2016年进口量为29.14万t,占全球贸易总量的87%,进口主要来源于澳大利亚、玻利维亚和巴西。受国内需求拉动及出口政策的影响,2008年我国成为精炼锡净进口国,2015年,出口量为0.06万t,进口量0.95万t,净进口量0.89万t。

2002年起,我国开始大量进口锑精矿,2016年进口量高达5.4万t,进口来源高度集中于塔吉克斯坦、澳大利亚、俄罗斯和吉尔吉斯斯坦4个国家(合计占比94%)。进口锑精矿在满足国内需求的基础上,经加工后以氧化锑和精锑的形式出口外,2016年出口氧化锑近4万t,占全球贸易总量的60%,出口精锑2.8万t。

钼精矿进口国比较分散,2016年中国进口钼精矿2.18万t,占全球贸易总量的8.7%。其他进口国主要是日本(14.3%)、韩国(12%)等。2010—2016年,中国氧化钼出口量稳步上升,2016年达到0.41万t,占全球贸易总量的15.95%。

2. "中国因素"对国际有色金属的价格产生重要影响,资源优势未能转化为经济优势

中国作为4种有色金属的资源大国,其产量和出口量通过影响供给可对国际有色金属价格产生重要影响。1999年以来,中国不断增加的金属需求是推动国际价格上涨的重要原因。中国虽然掌握着垄断性的资源,却未获得垄断性的利润,我国在有色金属贸易定价过程中持续遭到进口国压价,长期处于被动地位。究其原因在于:①国内企业生产分散无序,行业集中度低;②产业结构不合理,产品科技含量低;③有色金属生产超采、出口走私现象严重;④中国缺乏定价中心和LME(London Metal Exchange,伦敦金属交易所)认证仓库,金属交易需要支付高额的海运费用。

3. 钨、锡、锑、钼供需基本面向好,价格上行压力不大

国内八大钨企联合减产、国外主要钨矿山表现欠佳,加之中国政府收储和环保政策趋紧双重压力的综合影响,未来全球钨供给量将得到有效控制;需求端在硬质合金和特钢的拉动下,未来钨需求持续看好,全球钨市场供大于求的局面将得到改善,供需差额将会明显缩小,市场供给和需求逐渐稳定。2018—2019年,钨价将步入合理区间,价格在10万~13万元/t之间波动。

近年来,全球未发现大型锡矿,受环保因素限制,中国供给趋紧,主要资源国缅甸的锡资源静态保障年限不足4年,需求端马口铁和锡焊料继续小幅增长。商业库存接近历史低位,2016年底商业库存2.33万t;供给增加乏力、需求稳步增长共同构成锡价持续高位的逻辑。预测未来锡价格会逐步上升,2018—2020年将回升到21 000~24 200美元/t。

国内锑行业在供给侧改革的推动下,30%以上的冶炼产能被闲置,加之国家物资储备局对锑的收储,共同决定了未来中国对锑的供应增长有限。国外虽然有旧矿山恢复生产和扩大产能的迹象,但短期内不足以补充中国锑矿供应减少量。阻燃剂和铅酸蓄电池两大消费领域对锑的需求依然保持强劲,预测到2020年,全球锑消费将达到20.6万t。在未来中国锑供应趋紧、国外产能扩张滞后、需求稳定的基础上,锑价在未来两三年将主要受需求制约,不会大涨大跌,总体围绕下游稳定增长的需求,价格将在7000~8000美元/t的区间内缓慢上升。

2016年,国外钼矿山及部分国内矿山陆续减产,未来供应增加压力较大。随着全球经济逐渐复苏,中国钢铁行业将进入顶部振荡期,全球钼精矿的供需也仍将维持缓步上升,恢复平衡态势。预计到2020年,钼消费量将达到27万t,预计2018年钼精矿价格超过1500元/t的难度较大,2018—2020年钼精矿价格将在1500～1700元/t运行。

4. 科学研判国际形势,抓住机遇,逆势而上

1) 供给侧结构性改革、香港证券交易所收购LME有助于中国争夺有色金属定价权

供给侧结构性改革将扭转长期以来有色金属行业产能过剩的格局,推动上下游一体化的生产格局,将会对附加值低的生产企业造成一定冲击,部分中小矿企、冶炼厂等将面临减产、关停的压力,行业集中度得到提高,从而对金属价格形成有力支撑。

香港证券交易所并购LME后,拟推出以人民币计价的镍、锡、铅金属期货合约;积极争取在内地设立LME认证的交割仓库,以降低内地实体企业参与国际金属交易的成本,服务实体经济;积极推进海外大宗商品现货交易平台的建设,促进内地大宗商品市场的"实体化"。这些举措都将有助于中国在国际大宗商品市场上赢得与其经济实力相匹配的定价权。

2) "一带一路"倡议助推中国企业"走出去"和产能转移

一方面,"一带一路"沿线国家具有丰富的钨(6%)、锡(36%)、锑(26%)、钼(6%)资源,资源开发潜力大,有助于中国矿业投资"走出去",缓解我国有色金属资源保障能力不足的压力。另一方面,我国有色金属产业呈现矿产资源供应及下游高端产业不足、冶炼加工能力强的局面,"一带一路"沿线国家正处于快速工业化建设阶段,将给国内有色金属的产能转移带来新的契机。

3) 二次资源回收利用是提高资源保障程度的重要途径

我国是有色金属消费大国,但是资源回收利用环节十分薄弱。我国再生钨产量约占钨总用量的10%,与美国、日本等发达国家30%的回收利用水平相差甚远。1996年,我国再生锑产量153t,2010年增长到4264t;而世界再生锑的生产能力可达(5.5～6)万t;工业发达国家的再生锡使用量占到原生锡产量的60%以上,我国目前再生锡的回收水平仅为40%左右。加快推进高效的资源循环利用体系将在很大程度上缓解资源供应不足的压力。

4) 资源保障不足,有色金属矿产的勘查空间不断压缩

长期的过度开采导致我国有色金属资源的静态保障年限不容乐观,除钼以外,钨、锡、锑3种资源的保障年限逐年降低,且低于全球平均水平。未来国内对有色金属的需求仍将保持稳定增长,势必会对国内资源保障提出更加严峻的挑战。绿色发展理念对矿产勘查活动提出了更高的要求。2013—2017年,国务院新增100个国家级自然保护区,2016年新增240个县纳入国家重点生态功能区。中央、各部门的政策对生态环境保护的要求越来越高,矿产勘查的门槛不断提高,有色金属矿产勘查的空间被不断压缩。

在这种形势下,为保障国家资源安全、提高市场竞争力,提出以下措施维护我国有色金属行业的健康发展:①合理部署国内有色金属勘查活动,积极参与全球配置,尤其是加强与"一带一路"国家的战略合作;②推进产业整合,走生产集约化道路,建立龙头企业增强国际

竞争力;③实现高质量发展,加强技术创新,延伸产业链;④防控有色金属期货市场风险,适时推出小金属期货;⑤建立健全战略储备体系,加大二次资源的回收利用,保障资源供给的安全。

第一篇

国际能源市场篇

第一章 世界能源市场格局

- 石油产量增速减缓,增量主要来自于美国和沙特阿拉伯。
- 美国天然气贸易由供需平衡转为出口。
- 2016 年,中国煤炭产量下降 7.9%,为自 1981 年以来的最大年度降幅。

第一节 石油市场格局

一、石油产量增量减慢,增量主要来自于美国和沙特阿拉伯

2011—2016 年,世界石油产量持续增长。2016 年,世界石油产量 43.82 亿 t,比 2015 年仅增长 44.6 万桶/d,增速仅为 0.53%,较 2015 年的增速下降了 2.65%(图 1-1)。

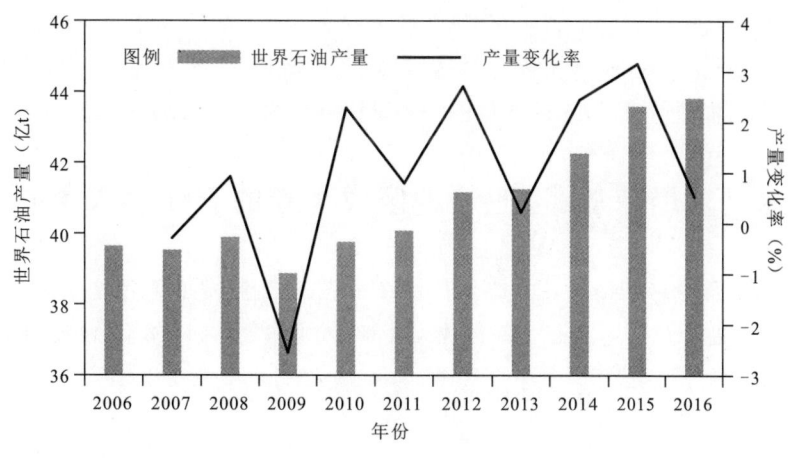

图 1-1 2006—2016 年世界石油产量

(数据来源:《BP 世界能源统计年鉴(2017)》)

2016年,世界石油产量增量主要来自美国和沙特阿拉伯,两国石油产量增量均占总增量的26.80%,俄罗斯石油增量占比12.20%(图1-2)。

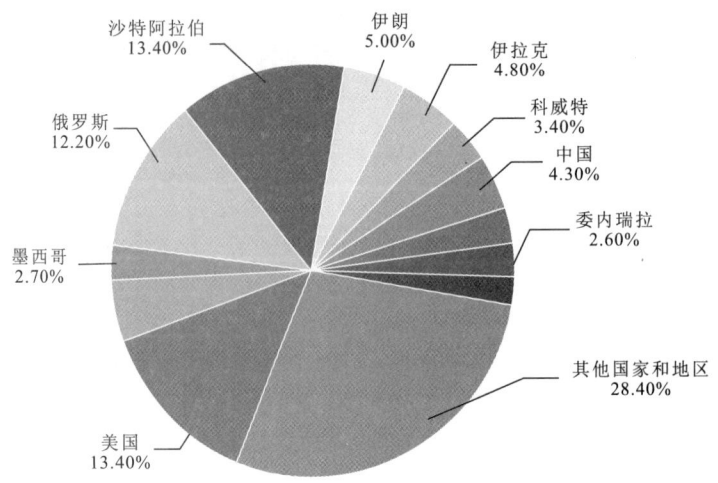

图1-2 2016年世界主要国家和地区石油产量增量占比

二、美国页岩油产量大幅提升,进一步实现石油自给自足

随着美国页岩油产量的大幅提升,美国在国际石油贸易中的地位发生了明显的变化。由于油井钻井效率的提高[①],美国页岩油产量不降反升,2017年9月美国石油产量948.1万桶/d,其中主要页岩油产区占较大比重,Eagle Ford 和 Midland、Delaware 位于 Texas 州(357.4万桶/d),the Bakken 位于 North Dakota 州(108.1万桶/d)。

美国石油总产量由2015年的5.65亿t减少到2016年的5.43亿t。但2014—2015年间,美国石油产量随着页岩油产量提升迅速增加,平均增长97.8万桶/d。2006—2016年,美国进一步实现了石油自给自足,石油产量占消费量比例从32.72%提高到62.91%(图1-3)。

三、石油需求增速放缓,亚洲地区成为新的石油需求中心

2012—2016年,全球经济增速始终保持在2%左右,工业增加值年增长率在3%上下浮动,世界石油需求处于较低迷状态。2016年,世界石油消费量44.18亿t,较2015年仅增长1.5%(图1-4)。

---

① 2015年,美国5个区域[the Bakken,Eagle Ford, Marcellus,the Permian Basin1, and the Gulf of Mexico (GOM)]的钻完井成本比2012年的下降了25%~30%。

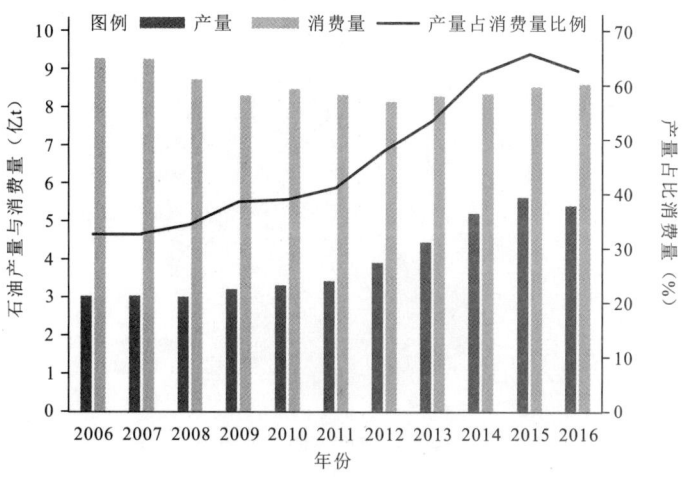

图 1-3 2006—2016 年美国石油产量

(数据来源:《BP 世界能源统计年鉴(2017)》)

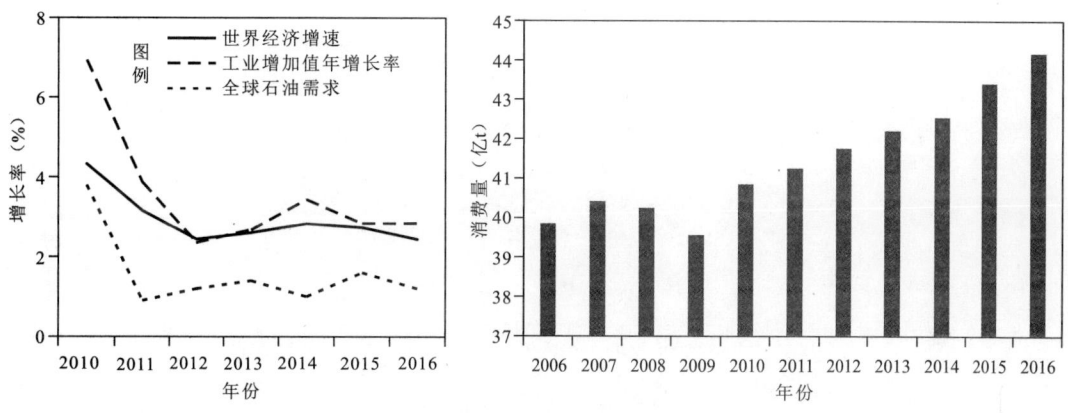

图 1-4 全球经济与石油需求

(数据来源:整理自 World Bank、IEA、BP 的 2017 年度报告)

世界石油消费格局正在逐步发生改变。2016 年,亚太地区石油消费量 15.57 亿 t,占全球消费量的 35.2%,其中,中国、印度等发展中国家成为石油消费主力。2016 年,中国石油消费量 5.79 亿 t,占比 13.1%;印度石油消费量 2.13 亿 t,占比 4.8%;美国石油消费量 8.63 亿 t,占比 19.5%(图 1-5)。

中国与印度的石油需求增长,一方面体现在石油消费量的增长,2016 年,中国与印度石油消费量同比分别增长了 2.7% 和 8.3%;另一方面体现在石油进口量的增长,2016 年,中国和印度的石油进口量同比增长了 10.6% 和 11.9%(图 1-6)。

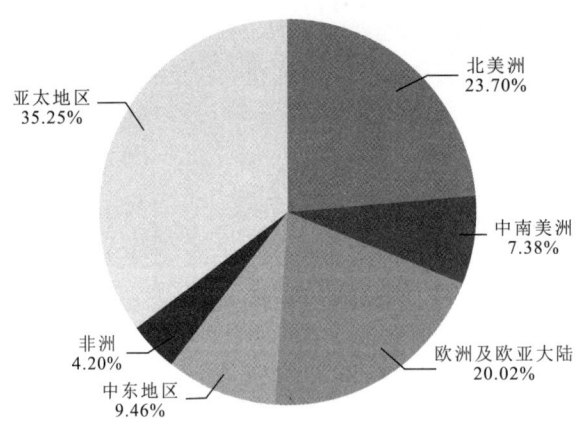

图1-5 2016年全球地区石油消费量占比

(数据来源:《BP世界能源统计年鉴(2017)》)

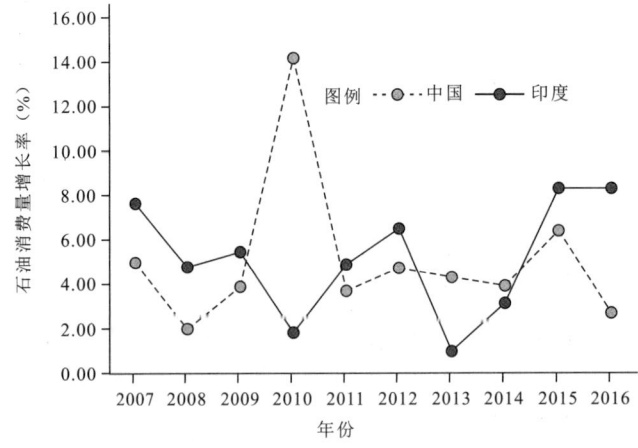

图1-6 2007—2016年中国与印度石油消费量增长率

(数据来源:整理自2008—2017年的《BP世界能源统计年鉴》)

四、原油库存已饱和,美国出售战略储备

2016年,世界原油库存明显增加,各国原油储备已处于饱和状态。2016年,美国原油总库存12.14亿桶,其中,5.19亿桶为商业库存,6.95亿桶为战略储备(SPR,strategic petroleum reserve),比近5年原油库存均值高出近20%。2016年4月起,美国原油库存已饱和并呈现出下滑趋势,由于国际油价低迷以及美国石油和天然气生产能力上升,美国战略性原油储备从2015年7月起呈现平稳减少趋势,从6.95亿桶减少到6.80亿桶(图1-7)。

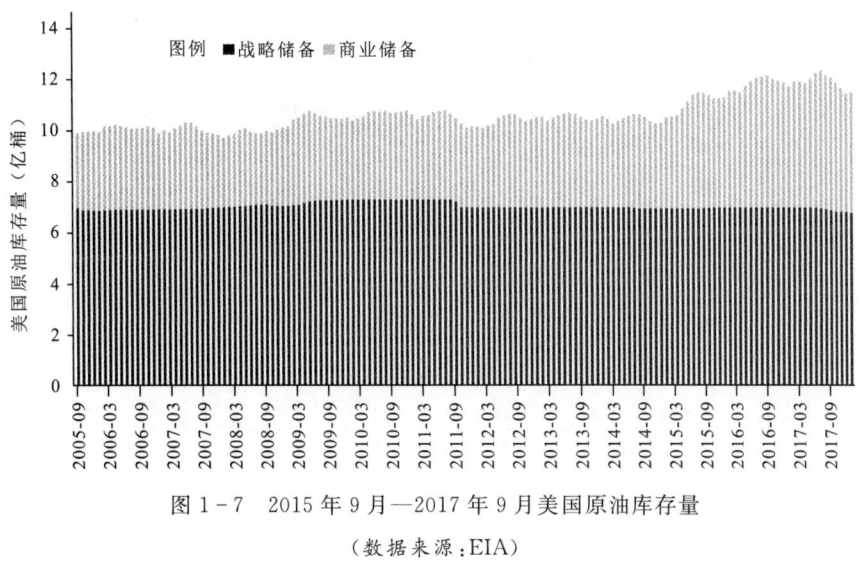

图1-7　2015年9月—2017年9月美国原油库存量

（数据来源：EIA）

第二节　天然气市场格局

一、天然气在全球能源结构中的地位不断上升

1997—2016年，世界天然气消费量保持稳定增长。1997—2016年，全球一次能源消费量从89.07亿t油当量增长到132.76亿t油当量，年均增长率2.5%；同期天然气份额增速2.9%，全球能源结构中天然气比重从22.7%上升到24.1%（图1-8）。

二、天然气消费逐步向亚太地区转移

从天然气地域消费情况看，除中南美洲的消费量下降外，其他地区的消费量均呈现稳步增长态势。2016年，亚太地区天然气消费量7225亿m³，占比20.4%，同比增长2.7%，欧洲及欧亚大陆天然气消费量占比29.1%，同比增长1.7%。亚太地区或成为未来全球天然气消费市场的主要增长点（图1-9）。

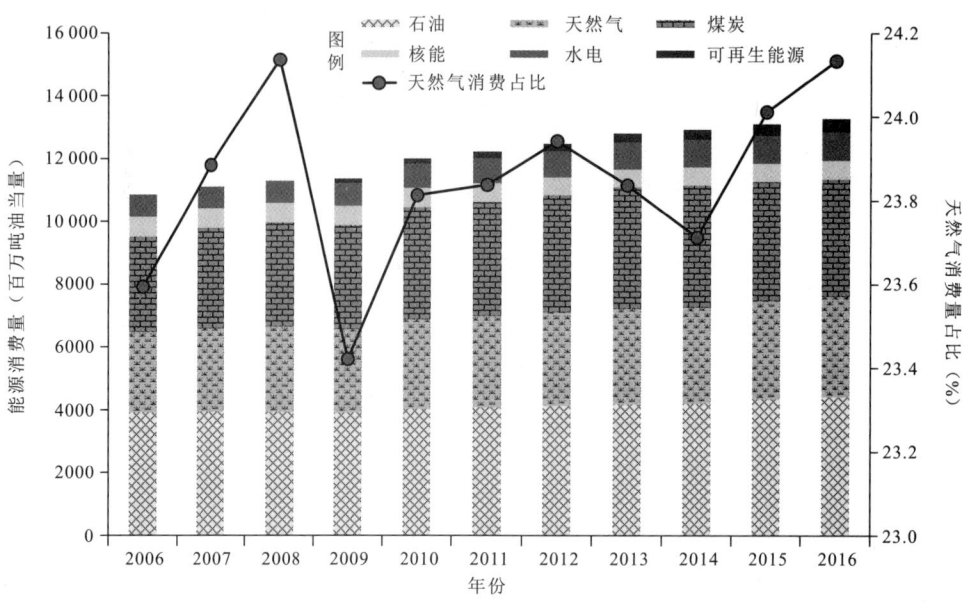

图1-8 世界能源消费总量及天然气消费量占比

(数据来源:整理自2007—2017年的《BP世界能源统计年鉴》)

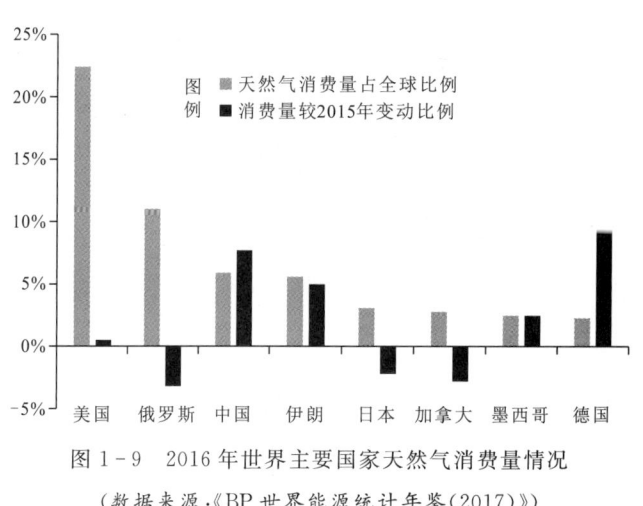

图1-9 2016年世界主要国家天然气消费量情况

(数据来源:《BP世界能源统计年鉴(2017)》)

三、全球天然气贸易量快速增长,区域间流动性增强

全球天然气贸易量快速增长,根据联合国贸易商品统计数据库数据,2016年,全球天然气贸易量10 800亿 m³,比2015年增加了496亿 m³,其中管道气贸易增量285亿 m³,液化天然气贸易增量211亿 m³。全球天然气市场仍以区域内资源利用为主。如北美洲管道天然气贸易仅为美国向加拿大(219亿 m³)和墨西哥(384亿 m³)出口管道气603亿 m³,加拿大向美国出口824亿 m³管道气(图1-10)。

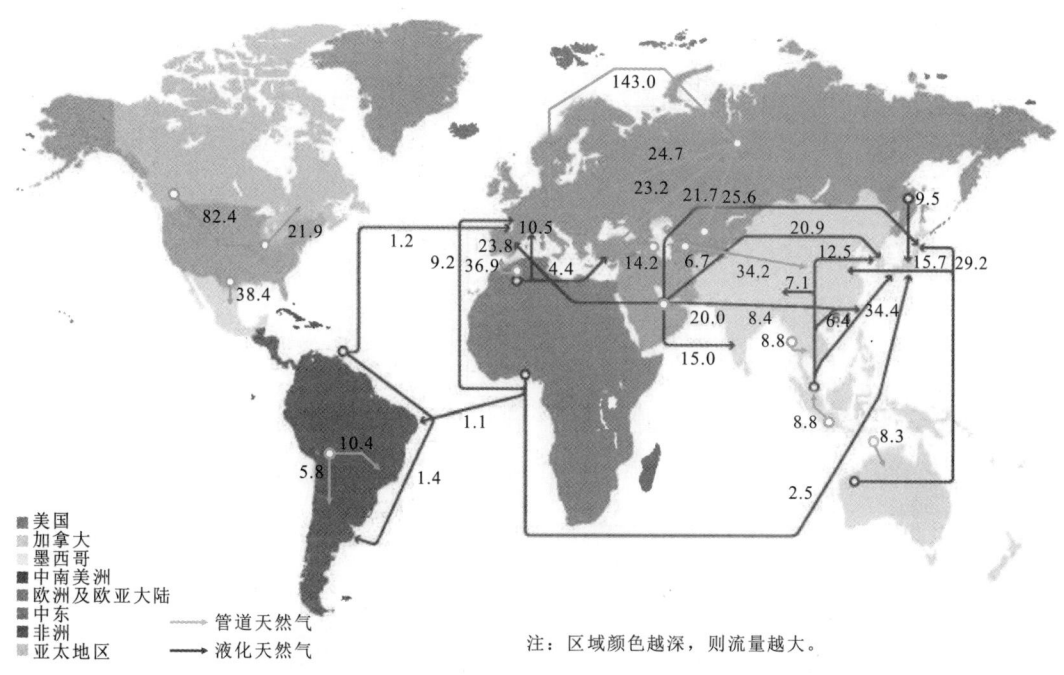

图1-10 2016年世界天然气贸易流向图

(数据来源:《BP世界能源统计年鉴(2017)》)

四、美国天然气贸易由供需平衡转为出口

天然气价格的下滑致使美国天然气产量自2005年页岩气革命以来第一次下降(2016年,7492亿m³;-170亿m³,-2.5%)。美国天然气贸易由供需平衡转为出口,目前已签订相关LNG出口合同,原本面向美国的卡塔尔、非洲等国的LNG供应将转向亚洲和欧洲市场,进而改变未来全球LNG市场的贸易格局。2016年,美国出口LNG 44亿m³,其中出口亚太地区1.1亿m³(图1-11)。

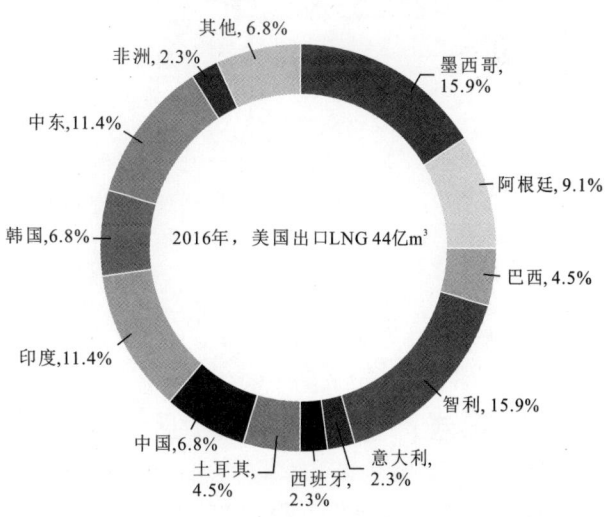

图1-11 2016年美国LNG出口流向图

(数据来源:《BP世界能源统计年鉴(2017)》)

第三节 煤炭市场格局

一、探明储量分布不均衡、煤炭储产比较高

截至2016年底,全球煤炭探明储量1.14万t,可以满足153年的全球产量,大约是石油和天然气储产比的3倍。

全球煤炭资源分布集中,地区间分布不均衡。2016年,亚太地区(46.5%)、欧洲及欧亚大陆(28.3%)和北美洲(22.8%)探明储量位居前三。其中中国煤炭探明储量占全球煤炭探明总储量的21.4%,美国煤炭探明储量占22.1%(图1-12)。

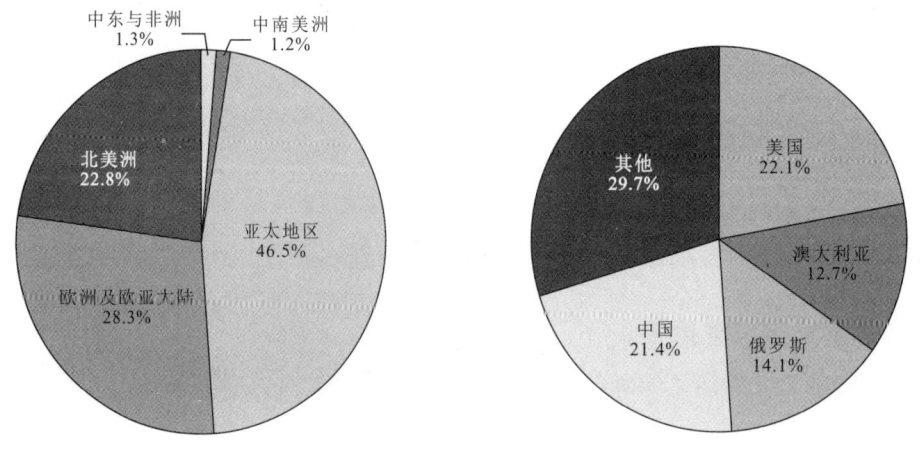

图1-12 2016年煤炭探明储量分布(按地区和国家)

(数据来源:《BP世界能源统计年鉴(2017)》)

北美洲煤炭储产比最高(356年);亚太地区煤炭探明储量排名第二,但煤炭生产量较高,占全球煤炭总产量的71.6%;中东及非洲煤炭储产比最低(56年)(图1-13)。

二、煤炭产量继续下降,亚太地区是主要生产区域

从2013年开始,随着煤炭产业结构的深度调整,全球煤炭产量开始加速下降,全球煤炭供给正在逐步收缩。2016年,全球煤炭产量3656百万吨油当量,比2015年下降了6.2%,其中,中国下降了7.9%,为历史(自1981年以来)最大降幅(图1-14)。

全球煤炭主要生产国集中在少数国家和地区。2016年,主要分布在亚太地区

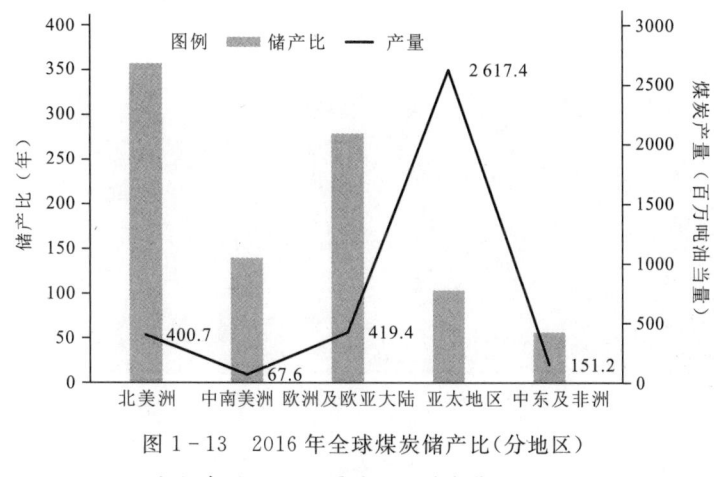

图1-13 2016年全球煤炭储产比(分地区)

(数据来源:《BP世界能源统计年鉴(2017)》)

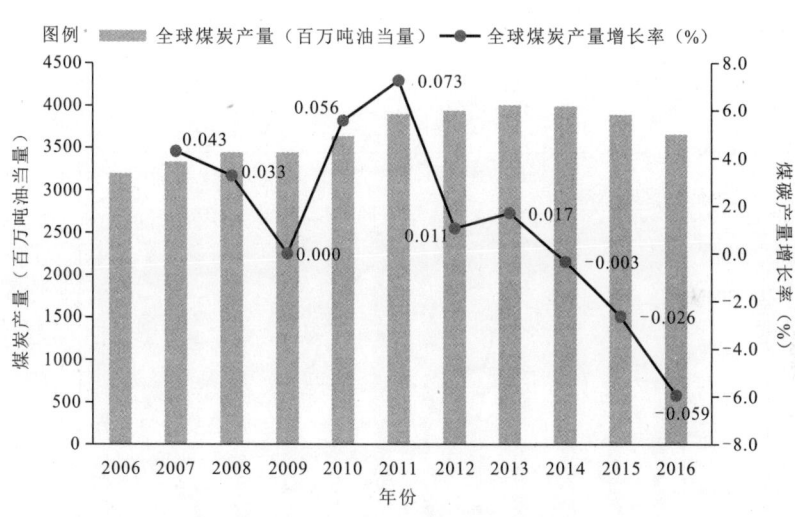

图1-14 2006—2016年全球煤炭产量及增长率

(数据来源:整理自2007—2017年的《BP世界能源统计年鉴》)

(71.6%)、北美地区(11.0%)、欧洲和欧亚地区(11.5%),它们的煤炭产量之和占全球煤炭总产量的94.1%(图1-15)。

三、煤炭消费重心加速向亚洲转移

2016年,煤炭在全球一次能源消费中的占比降至22.8%。煤炭在全球能源消费中所占比重依旧较大,并将持续较长时间。2006—2014年,全球煤炭消费量呈稳步上升趋势,从

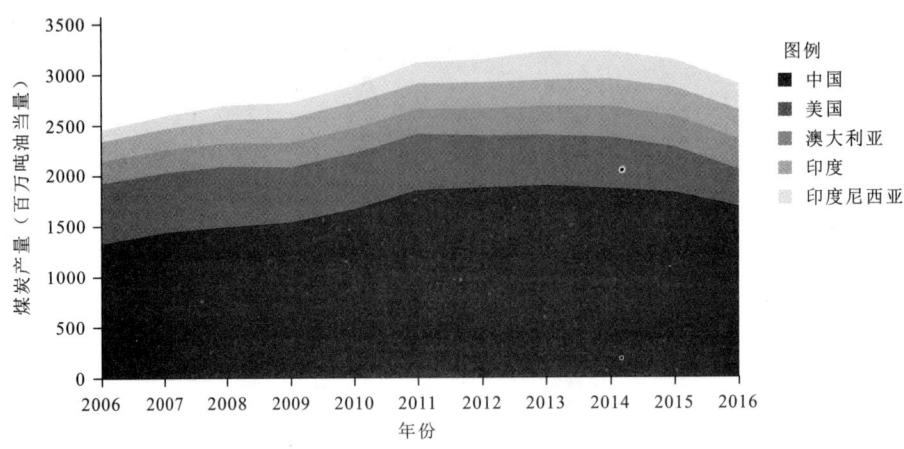

图1-15 2006—2016年全球主要产煤国的煤炭产量

（数据来源：整理自2007—2017年的《BP世界能源统计年鉴》）

2015年开始，全球煤炭消费量开始下降。从2010年开始，全球煤炭消费量的增速呈现下降趋势（图1-16）。

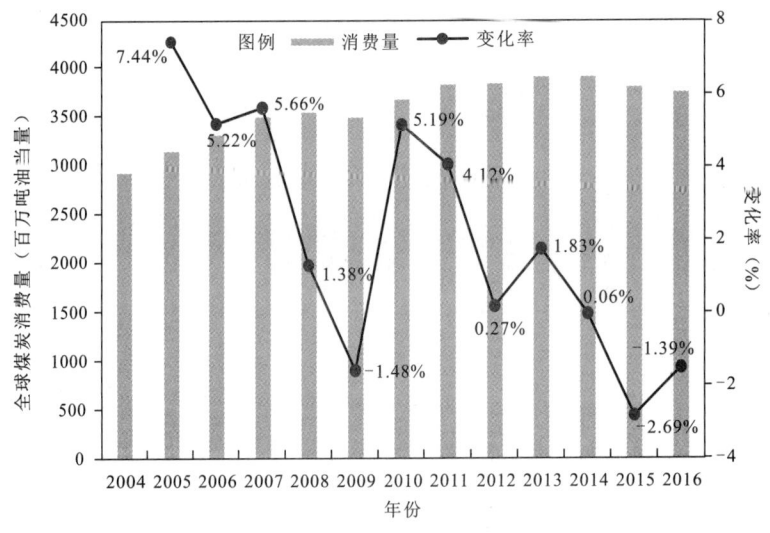

图1-16 2004—2016年全球煤炭消费量及变化率

（数据来源：整理自2005—2017年的《BP世界能源统计年鉴》）

从消费区域来看，由于欧美国家放弃煤电的步伐加快，而亚洲国家短期难以摆脱对煤电的依赖，全球煤炭消费重心加速向亚洲转移。2016年，亚太地区煤炭消费量2 753.6百万吨油当量，占比73.8%（图1-17）。

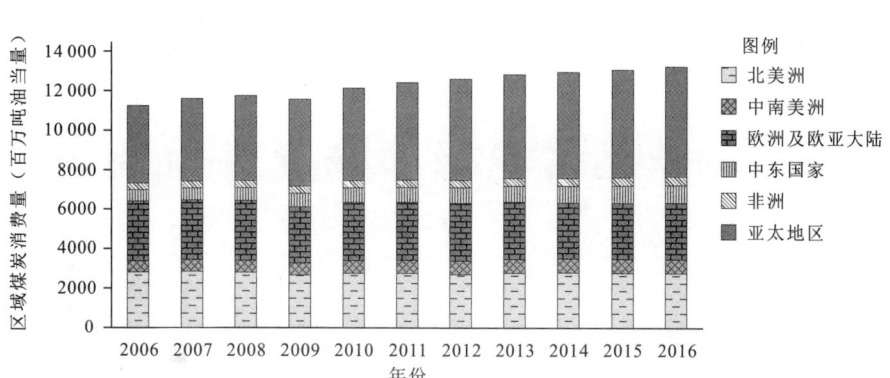

图1-17 2006—2016年全球分区域煤炭消费量

(数据来源：整理自2007—2017年的《BP世界能源统计年鉴》)

四、中国煤炭进口量增加，继续主导全球煤炭贸易

2016年，中国煤炭产量24亿t标准煤，消费量27亿t标准煤，分别占全球总量的46.1%和50.6%，继续主导全球煤炭市场贸易。由于进口煤炭的价格优势和海运费用的低位运行，推动我国煤炭进口量快速增加。2016年，中国进口煤炭2.56亿t，同比增长25.2%，我国煤炭进口以动力煤为主，焦煤次之，无烟煤进口较少(图1-18)。

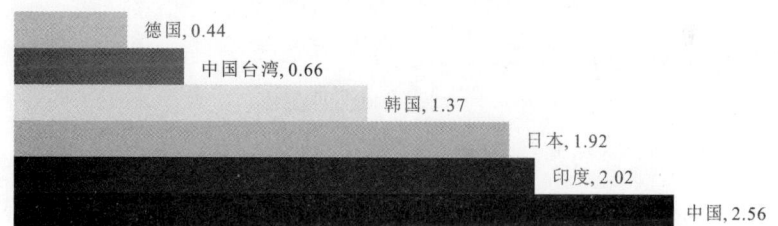

图1-18 2016年全球主要煤炭进口国和地区(单位：亿t)

[数据来源：UNCD(United Nations Comtrade Database)]

第二章　国际化石能源市场定价机制与展望

- 石油供求关系、地缘政治风险和市场证券化影响石油定价机制的演变。
- 天然气贸易快速增长将促进全球一体化天然气市场形成。
- 国际煤炭市场难以形成有效的定价机制和具有绝对权威性、有效性的价格体系。
- 结合生产成本、完全成本和财政油价,原油价格将围绕40~60美元/桶波动。
- 天然气区域性价格差异将进一步趋同并保持低位徘徊。

第一节　石油定价机制

一、石油定价机制的演变

1. 全球石油贸易定价的历史演变

自19世纪中期、石油工业的早期阶段起,国际原油市场定价机制的演变主要经历了4个阶段。从最初的普通商品定价模式,到国际性的卡塔尔"七姐妹"控制国际石油市场价格,再到卡塔尔垄断定价模式,直至今日金融定价模式,国际原油市场定价机制的演变反映了原油价格主要影响因素的变迁(表2-1)。

表2-1　国际原油市场定价机制的演变

	阶段一	阶段二	阶段三	阶段四
时期	19世纪中期—20世纪20年代末	1928—1971	1973年—20世纪80年代中期	20世纪80年代中期至今
		"七姐妹"时代	欧佩克时代:OPEC成员国	交易所指数时代:自由竞争市场

续表 2-1

	阶段一	阶段二	阶段三	阶段四
定价规则	普通商品定价模式：定价基本由供求决定	国际性的卡塔尔"七姐妹"控制着国际石油市场价格	卡塔尔垄断定价模式：OPEC成员对外长约定量、现货定价	金融定价模式：自由竞争价格
CIF计算	墨西哥湾FOB+部分或实际运费	墨西哥湾FOB+运费（墨西哥湾或波斯湾）	Arab Light FOB+运费（1985年前），netback定价（1985年后）	CIF+FOB远期报价
基准价格	WTI	WTI 或 Arab Light	Arab Light 或 WTI	WTI、Brent、Dubai
合约类型	长约（量+价）	长约（量）+现货（价）	长约（量）+现货（价）	长约（量）+现货（价）+交易所（价）

注：CIF、FOB、WTI、Arab Light、netback、Brent、Dubai 均为国际贸易术语。

2. 全球石油交易市场

在现货市场和期货市场主导的定价体系之下，以全球五大现货市场和三大期货市场为主的全球石油市场格局决定了石油定价机制。全球石油市场定价都是以世界各主要产油区的标准油为基准（表2-2）。

表 2-2 全球石油主要现货市场与期货市场

	交易方式	市场名称	市场描述
现货市场	现货交易：传统的货物买卖方式，交易双方可以在任何时间和地点，通过签订货物买卖合同达成交易	地中海现货市场	・位于意大利地中海沿岸 ・供应商来自意大利、苏联、海湾地区
		西北欧现货市场	・以鹿特丹港为核心 ・主要服务于德、法、英、荷
		美国现货市场	・消费量和进口量都很大 ・在休斯敦、波特兰、纽约形成庞大的现货交易市场
		加勒比海现货市场	・规模较小 ・调节欧美市场供需平衡
		新加坡现货市场	・区位优势极为明显 ・南亚与东南亚的交易中心 ・供应商来自中东

续表 2-2

交易方式	市场名称	市场描述
期货市场 期货交易:交易双方在期货交易所公开竞价,对未来特定月份的"石油标准合约"达成交易	布伦特期货合约	·原油挂靠份额最大 ·交易量仅次于WTI ·现金交割
	迪拜期货合约	·挂靠中东生产或中东销往亚洲的原油
	WTI期货合约	·挂靠原油产销地均为美国 ·交易量雄踞全球首位 ·金融属性越发显著

(数据来源:《中国石油报》)

3. 国际石油市场采用公式定价法

公式定价法是以基准的期货价格为定价中心,以不同地区、不同品级的原油价格为基准价格,再加上一定的升贴水①。其公式表达为:

$$P = A + D$$

式中,P 为原油交易现货市场的结算价格;A 为基准价格;D 为升贴水。目前西德克萨斯轻质原油价格(WTI)和北海布伦特原油价格(Brent)是主要的两大国际基准原油价格。

公式定价法是将基准价格和具体交割的原油价格连接起来的机制,其中升贴水是在合约签订时就订立的并且通常由出口国或资讯公司设定(表2-3)。

表2-3 主要国际基准油价比较

国际原油价格	品种	推出机构	适用范围	共同点
西德克萨斯轻质原油(WTI)	Mars,Bakken	纽约期货交易所	加拿大、墨西哥、南美	①油种的产量供应稳定充裕; ②交易市场透明,交易规则完善,价格自由波动; ③三大基准油期货市场都有成熟的资本市场和金融体系的保障与支持
北海布伦特轻质原油(Brent)	Brent Orties、Ekofisk、Oseberg	伦敦国际石油交易所	欧洲、地中海、非洲、澳大利亚和亚洲一些国家	

---

① 升贴水是指通过对汇率走势的分析确定远期汇率的上升与下跌。如果远期汇率比即期汇率高则为升水;反之,则为贴水,相应涨跌的价格就是升水金额和贴水金额。

WTI价格指纽约商品交易所下一个月交货的轻质原油期货价格。由于该合约具有良好的流动性及很高的价格透明度,NYMEX(New York Mercantile Exchange,纽约商业交易所)轻质低硫原油期货价格被看作是世界石油市场上的基准价之一。

Brent价格指一个月交货的伦敦国际石油交易所北海布伦特原油期货价格。65%以上的全球原油交易量是以轻质低硫的北海布伦特原油(Brent)为基准油作价。布伦特原油期货合约被认为是"高度灵活的规避风险及进行交易的工具"。普氏价格体系是以布伦特为基准原油价格的价格体系,提供的价格包括即期布伦特(Dated Brent)、远期布伦特、布伦特差价(CFD)及其他重要的场外交易市场报价参考。

WTI油价主要为美国进口石油定价和北美(包括加拿大)生产原油定价的主要基准,与美国的财政货币政策和经济环境状况相关度高;Brent原油与欧洲的经济政策和中东的国际环境的联系更加紧密,主要与原油本身的供需相关。

由于WTI和Brent的商品属性不同,加之局部地区宏观经济变化或突发性不可抗力因素等,二者价差呈现阶段性的特点(图2-1)。

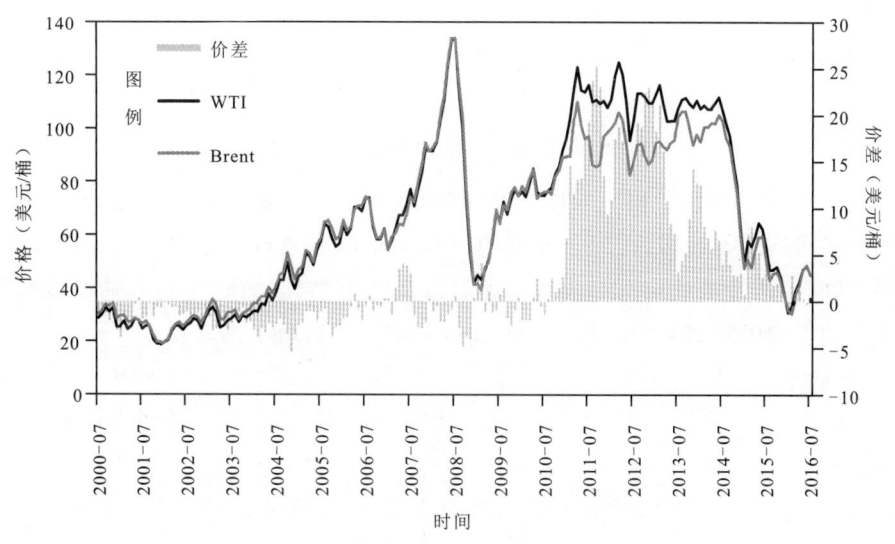

图2-1 2000—2016年WTI与Brent油价差额变化①

(数据来源:Mundi Index)

很多地区根据实际采取公认的基准油报价,参照或者挂靠在WTI、Brent和迪拜原油价格上的全球原油份额高达85%,有些地区则直接挂靠到这3种基准油的价格上(图2-2)。

---

① 价格差额=Brent价格-WTI价格。

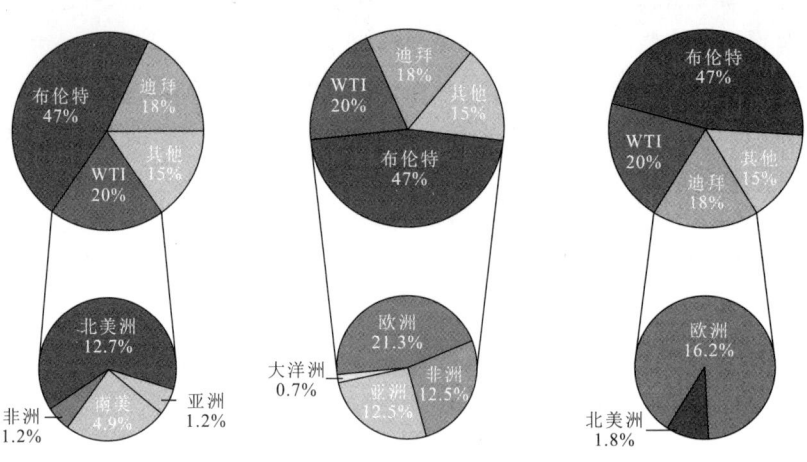

图 2-2　全球原油贸易基准挂靠情况

二、原油定价机制的制约因素

1. 全球石油供求关系使石油定价机制向市场化方向发展

20 世纪 70 年代,石油价格大幅度上涨,高额的投资利润刺激了石油的勘探和开采,造成全球石油市场供应量迅速增长,而且生产的分散化直接导致石油输出国组织的优势地位受到了削弱。同时,西方工业化石油消费国通过改变能源结构,减轻了对石油的依赖程度,并利用建立石油库存、加强信息交流等手段,在国际市场中获得了主动权。

全球石油市场在 20 世纪 80 年代形成供大于求的局面,促使石油价格经历了从高位开始一路下跌的过程。1986 年,OPEC 主动放弃僵硬的官价制度,选择多种石油价格为定价的参考标准。

随着 20 世纪 90 年代世界经济增长方式的改变,能源消耗的下降使石油需求不再紧迫。同时,由于高新技术在石油生产领域中的应用,全球的剩余储量不断得到弥补,所以造成世界石油市场的供求关系在总体上能够达到基本平衡。然而这也意味着石油价格越来越脱离垄断性,并且继续朝着市场化的方向发展,过去那种卡塔尔式的定价机制,注定会被能及时反映市场动态的定价机制所取代。

2. 不稳定的地缘政治风险加快了石油定价机制的开放与创新

全球范围内的石油资源分布不均衡性,导致石油问题成为世界地缘政治矛盾中的焦点。在世界政治军事冲突的背后,都隐藏着各国对石油的不断争夺。20 世纪 80 年代,美国和苏联在中东地区的争霸,加剧了石油输出国组织的内部纷争,成员国之间在产量和油价问题上的不同主张,间接地导致 OPEC 定价权的衰落。20 世纪 90 年代,苏联的解体和美国霸权地位的下降,打破了冷战时期有序的国际关系,形成多极化的世界政治格局。在此背景下,任何国家或组织都无法独自占有国际石油定价权,这样也造成石油定价机制只能朝着更加开放的方向发展。

3. 现货交易风险推动石油定价机制向市场证券化发展

20世纪80年代初,随着石油现货贸易量的不断扩大,在现货交易中存在的价格风险等弊端逐渐暴露。于是,具有价格发现、套期保值和优化配置等功能的石油期货市场便应运而生。从此以后,石油价格的形成又开始受到金融因素的制约。进入20世纪90年代,全球资本的自由流通和电子交易手段的推广,让石油期货市场的优势得到进一步体现,吸引了更多交易者参与其中。在这种情况下,急剧上升的石油期货贸易,已经成为世界石油贸易的主要方式,并且促使期货价格最终成为预测国际市场油价走势的首要参数。

三、原油定价机制的发展趋势

石油定价机制的制定应符合供需双方利益并且有效地体现出油价变动的目标。不同市场主体为了追逐石油利益最大化而竞争、供需双方力量失衡及油价的动荡,这些都是促使石油定价机制发生改变的因素。

1. 全球能源格局巨变,低油价时代来临

21世纪初,由于OPEC限产保价和页岩气革命,原油产量大增。国际原油供需结构发生巨变,原油的定价机制由边际需求定价快速回归到边际成本定价。从2014年下半年开始,原油价格呈断崖式下跌,从106美元/桶一路跌至27美元/桶,之后进入40~50美元/桶的区间反复震荡。

2. 中东产油国原油定价体系受到挑战

20世纪70年代前,全球原油市场实行石油标价制度,20世纪70年代末—20世纪80年代初,实行以沙特阿拉伯轻质原油价格为基准的价格体系;20世纪80年代中期,实行的OPEC一揽子价格体系、价格带机制;目前,中东产油国出口油定价方式分为两类:一类是与其基准油挂钩的定价方式;另一类是出口国自己公布的价格指数,石油界称为"官方销售价格指数"。

伊拉克作为OPEC第二产油国(2016年,21 890万t),2016年向中国出口原油3620万t。伊拉克国家石油营销组织计划自2018年1月起采用迪拜商品交易所阿曼原油期货作为向亚洲出口巴士拉原油定价指标以取代中东产油国一向遵循的沙特定价模式(标普全球普氏)。

伊朗同时也将全面研究沙特及科威特等主要产油国的定价体系变化,进而调整本国定价。阿联酋未来或调整定价机制。阿布扎比国家石油公司采用追溯定价机制,或转向主动定价,以增强竞争力。

四、中国石油定价机制

改革开放以来，中国石油价格的形成机制经历了"双轨"定价、统一定价、与国际接轨、向基于市场的税收调节转变等阶段。目前，中国原油价格基本实现了市场调节。成品油中，汽油、柴油实现政府指导价；航空煤油出厂价将逐步实现市场定价，过渡期间出厂价格按照不超过新加坡市场出口到岸完税价的原则，由供需双方协商确定；灯用煤油、化工轻油、燃料用重油由市场决定(图2-3)。

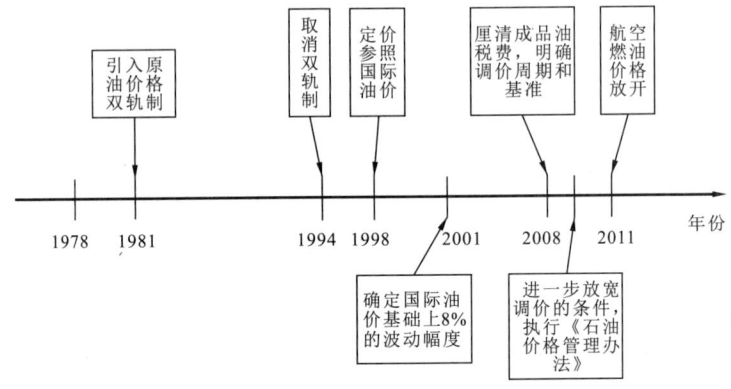

图2-3 中国石油价格形成机制的演变

目前，中国石油价格已与国际市场直接接轨，成品油价格与国际石油价格实现有控制的间接接轨，即在国际市场石油价格持续上涨或剧烈波动时，对成品油价格进行适当调控，以减轻对国内石油市场的影响。

第二节 天然气定价机制

一、天然气定价机制的演变

天然气定价机制从"政府管制定价"向"市场竞争定价"不断发展

天然气定价机制随时间变化而变化，长期以来与油价挂钩的长期合同曾一度占据全球天然气定价市场的支配地位。但随着全球天然气市场的演变，不同区域市场形成了不同的定价形式。美国和欧洲等国家在天然气产业发展过程中经历了数次天然气价格改革(表2-4)。

整体上来看,天然气定价机制是从"政府管制定价"向"市场竞争定价"不断发展的过程。

表2-4　全球主要国家天然气定价机制的演变

国家	天然气定价机制的演变过程
美国	1978年《国家天然气政策法案》颁布,天然气上游领域实现竞争。1992年以后出现了现货交易市场,天然气下游领域实现竞争。现阶段,天然气价格基本上由现货市场与期货市场共同决定,为完全市场化的定价机制
英国	20世纪90年代,天然气定价采用市场净回值法,气价并与粗柴油价格挂钩,政府不进行管制。到21世纪初期,逐步建立新天然气市场结构,生产市场和终端用户市场均实现了竞争,价格由市场决定,不受政府管制,管输市场价格则受政府管制。现阶段,天然气管销分离,完全市场化运作
日本	天然气定价主要包括天然气销售以及进口LNG(液化天然气)定价。进口LNG定价经历了固定定价(由政府制定)、与中东等产油国政府石油销售价挂钩定价、与日本JCC指数(日本原油综合指数)关联定价等几个阶段。LNG具体合同:LNG出口商与客户签订长期(10~20年)的SPA(sale and purchase agreement)合同。这种合约的性质是"take or pay",合约里明确规定无论客户拿不拿天然气,都要支付固定费用,2.25~3.5美元/MMBtu① 不等。合约中还规定一部分的固定费用会随着美国的通胀而每年进行调整。1995年以前,日本政府对零售天然气定价采取了成本加成法,之后经过天然气市场化改革,最终确定了由天然气使用者和供应者共同协商确定天然气价格的定价机制
俄罗斯	天然气管道由俄气公司统一经营,俄罗斯能源管理委员会统一制定生产企业使用管道输送天然气的价格。随着市场经济的发展,俄罗斯正尝试建立管输市场第三方准入机制。2000年,俄罗斯颁发《关于在俄联邦境内天然气价格与输送费率政府调控的议案》,提出要逐步放开天然气批发和零售价格,将价格管制过渡到对管输价格上来

中国天然气定价机制经历了单一国家定价、国家定价和国家计划指导价并存、国家统一指导价、新定价机制改革试点等阶段。目前天然气出厂价由中央人民政府控制、国家发展改革委员会确定。天然气管输价格由各地物价局提出意见,报国家发展改革委员会审批。管网设施建设费和天然气售后服务价格则由各省、直辖市物价部门直接确定。天然气价格市场化改革正在不断进行(图2-4)。

二、全球主要天然气定价机制

全球天然气区域性的市场有着不同的定价机制。三大天然气市场(北美、欧洲和亚太)的价格机制和价格水平根据各国的天然气供应和市场情况不同而存在明显差异。欧洲市场

---

① MMBtu=million British thermal units,即百万英热单位,1 MMBtu=28.3m³。

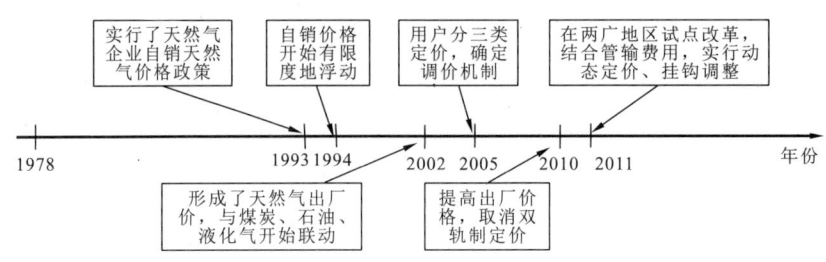

图 2-4 中国天然气价格形成机制演变

以德国天然气进口均价为基准定价,并采用与油价挂钩的定价策略来开展天然气贸易;俄罗斯与中亚地区采用双边垄断的定价模式,由政府间谈判确定供应给非欧盟用户的天然气价格;亚洲市场以日本 LNG 进口价为基准定价,在长期合同中采用了与日本进口原油加权平均价格(Japan Crude Cocktail,JCC,日本原油综合指数)挂钩的定价公式。

国际上主要有 3 类天然气定价机制,即"气-气"竞争定价机制、与替代能源价格挂钩定价机制和政府管制定价机制。

1. "气-气"竞争的定价机制

天然气价格主要取决于市场供需,天然气市场发育成熟的北美国家和英国、荷兰等欧洲国家采用这种定价模式。建立竞争性天然气市场需要具备以下条件:①天然气供应基本能够满足市场需求;②必须有多家供应商,用户有充分的自由选择权;③解除管道公司的捆绑销售,管道公司仅从事天然气输送服务;④强制性实行管道开放制度,即在有足够的输送容量的情况下,管道公司必须承担所有的托运人委托的无歧视的输气服务。采用竞争性市场定价一般是在天然气市场进入成熟期、天然气市场相对开放、监管完善的前提下进行的。根据国际天然气联盟(International Gas Union,IGU)2014 年年报显示,全球批发量中,43% 为"气-气"定价,不与油价挂钩。

2. 与替代能源挂钩的定价机制

这种定价机制主要通过合同谈判达成交易价格,目前欧洲大陆多数国家和亚洲的日本和韩国通常采用这种定价模式。这些地区天然气市场的典型特征是主要依靠进口来满足国内天然气需求。欧洲大陆的天然气价格通常是与柴油、燃料油等成品油价格挂钩,而日本天然气价格主要与一揽子进口原油价格挂钩。

3. 政府管制的定价机制

政府对天然气价格进行管制,通常价格水平较低。市场发育不成熟的发展中国家和资源国通常采用这种定价模式。在发展中国家,政府管制天然气价格主要是考虑到消费者的承受能力,天然气低价多数带有福利性质。

国外 LNG 出口商与客户签订长期 SPA 合同,期限一般为 10~20 年。合约中还规定一部分的固定费用会随着美国的通货膨胀而每年调整。我国天然气进口途径主要采取陆路管道天然气进口和海上 LNG 进口。中国进口 LNG 包括长期协议和短期现货,进口管道气都是长期协议。由于两者的长期协议合同签署的时间不同,参照的基准油价不同,因此最终的价格表现相差较大。

三、天然气定价机制的影响因素

影响国际天然气定价机制的主要因素包括供需态势、替代燃料价格、开发利用成本等。

1. 供需态势

经济发展是天然气需求增长的主要驱动力。人口增长、城镇化水平提高及低碳政策和市场改革均可加速天然气需求的快速增长。资源禀赋程度是影响天然气供给的重要因素,各国天然气的供给与其自身的资源禀赋程度息息相关,未来天然气资源储备宽松(图2-5)。

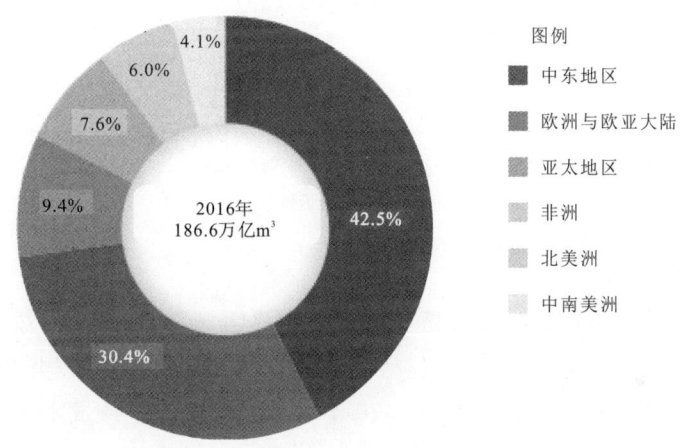

图 2-5　2016 年全球天然气探明储量

(数据来源:《BP 世界能源统计年鉴(2017)》)

2. 替代燃料价格

由于天然气勘探、生产和运输都属于资本密集型行业,合同多为长期合同,其价格也多以石油价格作为透明且可靠的基准。同时天然气作为石油开采的副产品,运输设施和应用领域都有相似性,因此天然气合同一直与石油价格挂钩。在天然气长期合同中,欧洲和亚洲市场部分参考油价进行定价,如俄罗斯 Gazprom 和法国 GDF 签订的购气合同,价格是以 3 个月平均油价为基础;天然气市场化程度很高的北美洲场,气价与油价也存在一定关联性。由于美国页岩气革命和发达的天然气市场,其天然气发电成本[2.16 美分/(kW·h)]已经明显低于燃煤发电成本[2.89 美分/(kW·h)],天然气竞争优势日趋凸显(表2-5)。

表 2-5　不同发电燃料的价格对比

燃料	澳大利亚动力煤	德国边境交付俄罗斯天然气	日本到岸印尼 LNG	美国亨利中心天然气	布伦特原油
价格（美元/MMBtu）	3.03	5.07	5.72	3.12	8.77
发电效率(%)	35.80	49.20	49.20	49.20	39.40
发电燃料成本（美元/MMBtu）	8.46	—	—	6.34	22.26
发电燃料成本[美分/(kW·h)]	2.89	3.52	3.97	2.16	7.60
中国发电效率(%)	35.70	—	38.90	—	33.6
中国发电燃料成本[美分/(kW·h)]	2.90	—	5.02	—	8.91

注：燃料成本来自 2017 年 5 月的 IMF 数据；发电效率数据来自荷兰 ECOFYS 咨询公司。

3. 开采成本

天然气开采成本是影响天然气价格和产量的重要因素之一，也是天然气定价的价格支撑线。美国石油天然气(onshore)成本包括：土地征用、资本化钻探、完井和设施费用，租赁业务费用，以及收集、处理和运输费用等。2014 年美国页岩气生产成本中的资本成本和运营成本分别占比为 66% 和 34%（图 2-6）。

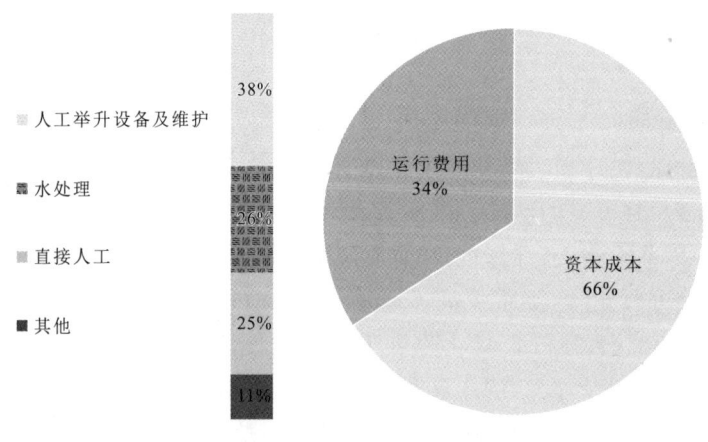

图 2-6　美国页岩气生产成本结构图(2014)

[数据来源：美国能源署(EIA),2014]

由于采用 multi-pad drilling 技术和先进的管理手段,美国天然气开采成本中的钻井成本自 2010 年以来呈现出下降的趋势。2014 年,该项成本减少了 30%;2015 年,减少了 20%。天然气开采成本和运营成本的不断下降助推天然气价格下降(图 2-7)。

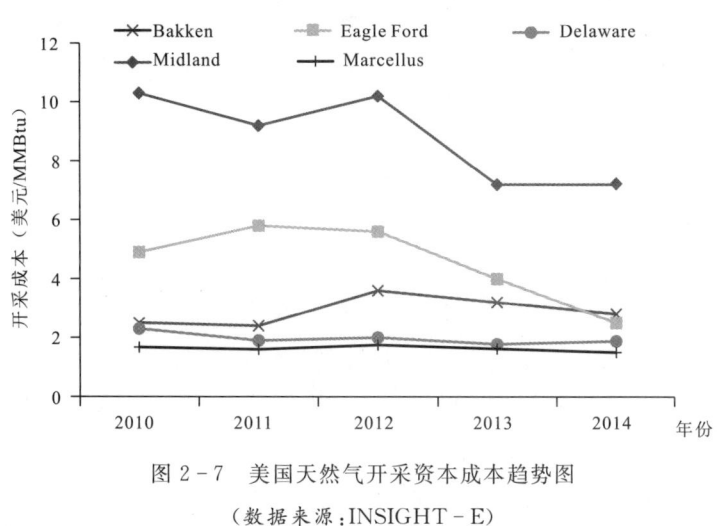

图 2-7　美国天然气开采资本成本趋势图

(数据来源:INSIGHT-E)

四、天然气定价机制的发展趋势

1. 未来天然气定价将逐步转向完全的市场定价

世界各国经历了数次天然气价格改革之后,美国、英国等国家已经基本完全实现"气-气"竞争性定价,欧洲与亚洲其他国家也在向市场性竞争定价发展(图 2-8)。

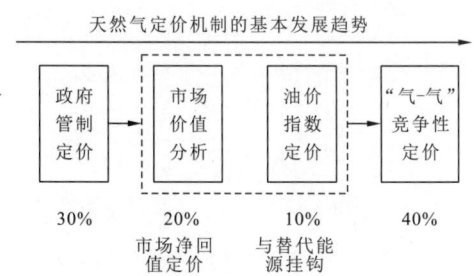

图 2-8　全球天然气定价机制的发展趋势

现阶段部分发展中国家,天然气价格机制正由完全政府管制价格转变为政府管制价格和市场价格并存的"双轨制"(表 2-6)。

表 2-6 典型国家天然气定价方法

典型国家	定价方法
美国	过渡时期"新气新价、老气老价"
印度	国有公司油气政府管制,进口气和私营公司国产气价格放开
日本	零售市场居民用气管制,发电、工业放开
巴西	国产气和进口气分别定价
西欧	以市场净回值为基础的定价方法
俄罗斯	国内销售价格逐步与出口欧洲气价接轨

2. 天然气贸易快速增长将促进全球一体化天然气市场形成

随着天然气市场进入快速发展时期,区域性的市场将逐步被打破,天然气贸易的快速增长可能将促进全球一体化天然气市场形成。

液化天然气贸易向更加灵活的商业模式转变,目前更小供应规模和更短期的合同形式在贸易协议中的比重越来越大,自由交易的现货贸易所占比例也在上升。2016 年,美国开始 LNG 出口之后,美国 LNG 出口贸易以其低成本的天然气资源和液化收费交易新模式(TLA),对全球的 LNG 市场产生了一定冲击。

第三节 煤炭定价机制

一、煤炭交易机制

从市场发展情况来看,由于国际煤炭贸易存在着商品标的难以标准化、运输、库存等一系列问题,国际煤炭市场难以形成统一的定价机制,也没有建立起全球的具有绝对权威性和实际有效的价格体系。

目前在全球煤炭市场上有 4 处重要的煤运港口或港口群,分别是中国的环渤海港口群、欧洲 ARA 三港、澳洲纽克斯尔港、南非理查德港。这 4 处港口的煤价反映了各自区域内煤炭市场的景气度。对于中国煤炭市场而言,环渤海煤炭价格成为行业参与者的重要决策参考。而环渤海煤炭价格基本由国内市场决定。

煤炭价格指数

煤炭价格指数是反映煤炭市场的重要指标。国际主要的煤炭价格指数包括全球性能源信息机构发布的阿格斯指数、普氏煤炭价格指数、GCM 价格指数、TFS 指数,以及地区性能源信息机构发布的 BJ 指数(亚洲市场动力煤现货价格指数)、环渤海价格指数等(表 2-7)。

表 2-7 四大煤炭价格指数

类型	指数解释
阿格斯指数	英国阿格斯能源咨询公司以日报、月报、年报形式,提供较为全面、权威的国际煤炭市场价格,价格因子依据当天确认的美金结算价格和市场调研
普氏煤炭价格指数	普氏公司通过旗下周刊与日报所公布的国际煤炭价格,参照部分现货招标、平台交易以及港口现货在内的当天实际交易情况,以及询价对象认为的可交易价格等信息确定指数
GCM 价格指数	GCM 以 Global Coal 电子交易平台为基础,按周或月发布的 3 个主要国际煤炭贸易市场的煤炭价格指数
TFS 指数（APIS 指数系列）	通过间接计算得出的系列指数,是目前欧洲煤炭场外交易所采用的主要指数之一

全球煤炭贸易价格参考标准:西北欧标杆价格、美国中部阿巴拉契煤炭现货价格指数、日本蒸汽煤现货到岸价和中国秦皇岛现货价格(图 2-9)。

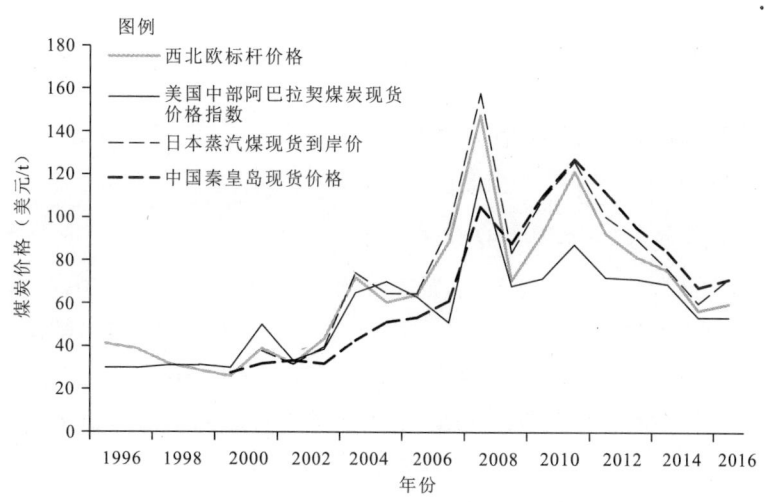

图 2-9 1996—2016 年全球煤炭价格走势

(数据来源:整理自 1997—2017 年的《BP 世界能源统计年鉴》)

煤炭的发热量作为影响煤炭产品定价的一个重要价格指标,既是检验煤炭质量的主要因素,也是煤炭计价的重要环节。

煤炭到岸价=成本+保险+货运(均价)。其中,成本为原煤成本,由于地质条件的不同和煤炭资源埋藏深浅度不一,成本存在一定差异。从全成本角度出发,煤炭的成本包括资源成本、生产成本、安全成本、环境成本和发展成本。但是,目前煤炭价格中对环境成本的价格补偿远远不够,从而导致煤炭价格虚低。

目前,国际煤炭市场已经形成了以中长期合同为主导,招标采购为辅,现货和期货等其他交易形式为补充,场内、场外多种交易方式并存的局面。长期协议、现货交易、期货交易和场外交易在内的多层次市场组成了煤炭贸易体系(表2-8)。

表2-8 国际煤炭市场交易形式

类型	主要特征
长期协议市场	主要煤炭消费国与煤炭生产国政府之间会通过签订长期协议的方式,以一定的互惠条件开展煤炭贸易;企业间也会通过长期协议建立长期、稳定的贸易关系
现货交易市场	在公开撮合报价的电子交易平台上进行现货议价和交易
期货交易市场	通过发布期货合约为全球煤炭市场提供价格发现和风险规避手段
场外交易市场	买卖双方交易衍生品的场外场所,包括隔月合约、远期合约、价差合约等在内的煤炭场外衍生金融产品的交易

其中,长期协议交易市场反映的仅是买卖双方的谈判结果,有很强的主观性,并不能客观反映市场的真实情况。现货交易市场则存在着区域性限制和产品品质难以标准化的缺陷,因此其交易价格的相对参考价值有限。

二、煤炭交易模式的发展趋势

1. 现货交易向期货交易发展的趋势

煤炭金融衍生品合约种类已达9种,范围覆盖亚洲、欧洲、非洲、北美洲、大洋洲。目前,我国煤炭交易以现货交易为主,而且以场内协商为主要交易方式。虽然整体的煤炭形势不容乐观,但煤炭交易市场却绝处逢生,煤炭交易不仅在期货市场有所尝试,而且在传统的现货交易领域也发生了变革。作为煤炭现货交易中的一种新形式,短长协交易模式正呈现异军突起的趋势。

2. 短长协交易模式

短长协交易模式是煤炭供需双方每月通过电子商务平台,限时交易未来拟交付的品牌产品,交易商以一定比例的履约定金实现货权订购、到期交收的交易模式。短长协交易模式省去了煤炭产业的上、中、下游企业传统交易冗杂的环节,方便了供应商上游与下游客户的直接对接,并且为上、下游企业提供了一个更加方便、透明的平台。它在规避未来价格波动风险、促进资金杠杆贸易、加强规范化交易、提高信用风险保障和贸易融资支持上发挥了一定作用。

三、中国煤炭价格机制演变

长期以来,我国实行重点合同电煤价格和市场煤炭价格双轨制。我国煤炭定价制度的历史沿革可以分为计划经济时代和市场经济时代,计划经济时代从1949年至1992年,1985年起煤炭计划定价制度开始松动,1993年起煤炭定价制度正式向市场化过渡。2006年12月,煤炭供应的双轨制被正式取消,电煤价格完全进入市场化轨道。2013年,实行煤电价格并轨,标志着煤炭行业结束了长期计划经济、计划与市场并行的管理体制,基本上实现了由市场决定,政府根据市场情况调节煤炭供应量,从而间接影响煤炭价格(图2-10)。

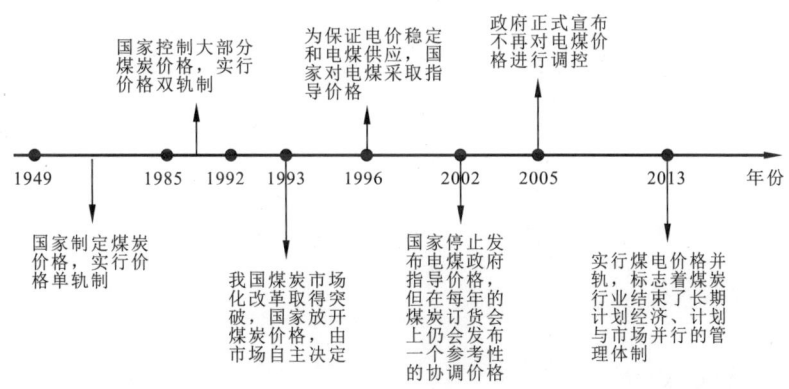

图2-10 中国煤炭价格机制演变

目前中国煤炭价格形成机制主要受到煤炭供应成本和市场需求的影响。煤炭供应成本包括煤炭的生产运行成本、安全投入、生态恢复、资源成本、运输成本等;市场需求因素包括供需关系变化、国际能源价格波动等。

第四节 主要化石能源价格走势与预测

一、原油

(一)国际原油价格走势

未来两三年,国际原油价格在40~60美元/桶之间波动

2014年6月,国际原油价格开始下跌,国际油价进入低位震荡时期。国际原油价格在

2016年初触底后反弹。2016年7月—2017年7月,国际油价在40~60美元/桶之间浮动,但并未呈现出较强劲的回升势头(图2-11)。

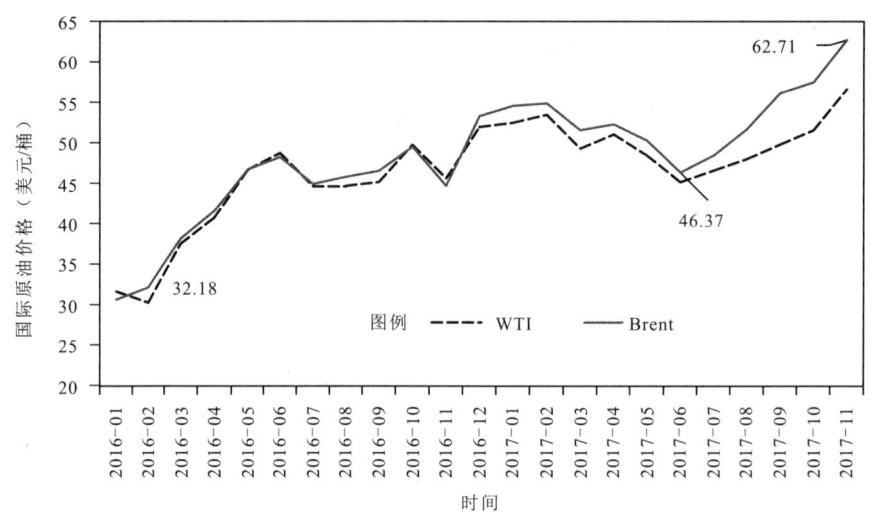

图2-11 2016年1月—2017年11月原油价格(现货FOB)

(数据来源:EIA)

(二)原油价格分析

1. 原油生产成本是支撑油价平稳上涨的主要因素

生产成本作为产油国家和地区所能承受的最低油价支撑线。当油价低于生产成本时,油田将很难维持产量实现盈利。2015年,美国原油生产成本为36.3美元/桶,俄罗斯原油生产成本约27.8美元/桶,中东地区原油生产平均成本约11美元/桶。在完全效率市场中,原油生产的边际成本是决定油田是否运作的主要因素。据EIA(2015)统计,原油生产的边际成本高于40美元/桶,因此,只有在市场能支撑这一价格时油田才会生产原油。目前,油价回升至40~60美元/桶之间,对产油国影响相对减弱(表2-19)。

按全球原油生产平均成本依次排列,沙特及OPEC其他成员国的原油生产平均成本最低,仅美国页岩油、俄罗斯和OPEC国家的生产成本低于全球平均成本线,哈萨克斯坦、巴西、中国、墨西哥和加拿大等国家的原油生产成本均高于非OPEC国家的原油生产平均成本。以加拿大油砂开采提炼为例,由于油砂开采的提炼成本过于昂贵,即便油价有所上涨,油砂产量也将下降(图2-12)。

表 2-9　2015 年主要产油国原油生产成本(美元/桶)

序号	2015年主要产油国	原油生产成本(美元/桶)
1	英国	52.50
2	巴西	48.80
3	加拿大	41.10
4	美国	36.30
5	挪威	36.10
6	安哥拉	35.40
7	哥伦比亚	35.30
8	尼日利亚	31.50
9	中国	29.90
10	墨西哥	29.00
11	委内瑞拉	23.50
12	俄罗斯	17.30
13	卡塔尔	12.60
14	伊朗	12.60
15	阿联酋	12.30
16	阿曼	11.30
17	伊拉克	10.70
18	沙特	9.90
19	科威特	8.50

2. 中东地区具有完全成本优势,俄罗斯海洋油气和北美页岩油开采成本相对较高

在世界不同地区、不同石油类型生产盈亏平衡价格中,中东的陆上石油开采的完全成本最低,大约 27 美元/桶。在此价格水平下,中东地区石油公司可以在获得正常利润的情况下继续运营并有一定的可持续发展能力。其他地区完全生产成本较高,俄罗斯陆上石油的生产盈亏平衡价格大致在 50 美元/桶左右,海洋石油开采的完全成本在 50~60 美元/桶之间。北美页岩油的生产盈亏平衡点大约在 65 美元/桶附近。2015 年,美国页岩油生产五大区域(the Bakken、Eagle Ford、Marcellus、the Permian Basin 1 和 the Gulf of Mexico)钻井和完井成本比 2012 年下降了 25%~30%(图 2-13)。

3. 财政油价:决定石油输出国对高油价的依赖程度

根据对油价的依赖程度,将主要石油输出国分为两类。

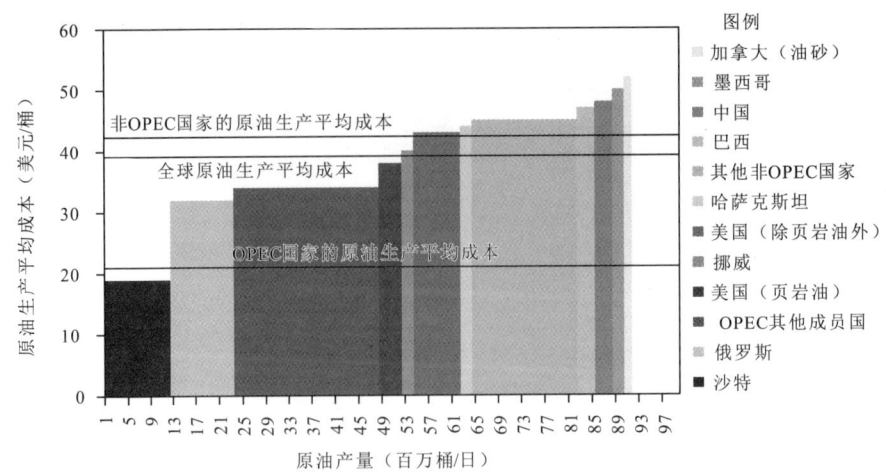

图 2-12 2015 年全球各国原油生产成本

(数据来源:Energy Aspects)

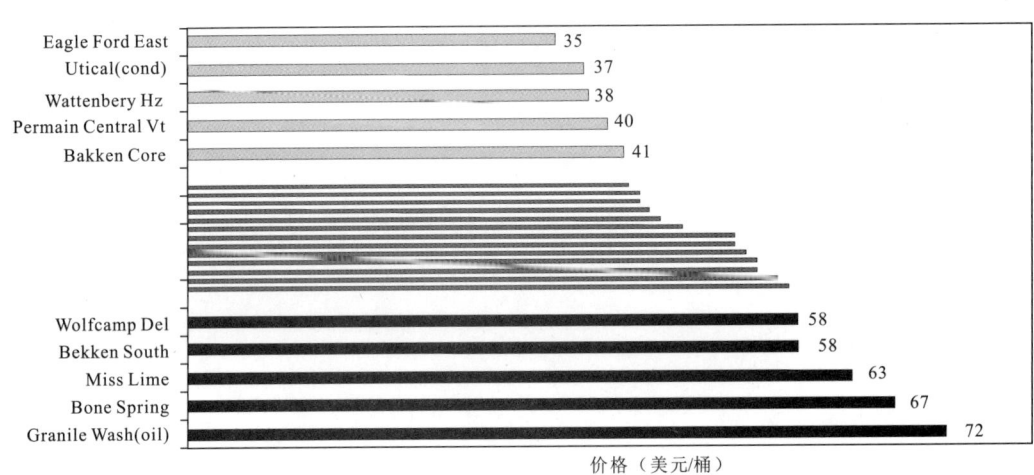

图 2-13 2015 年美国页岩油盈亏平衡价格

(数据来源:EIA)

(1)第一类为经济政治稳定、高度依赖油价国家。典型国家有委内瑞拉、俄罗斯和伊朗等国,其财政油价普遍较高。委内瑞拉政府以石油收入去实现资源民粹主义和"石油社会主义"的政策,致使国家财政和国家石油公司大量亏空、石油生产乏力,酝酿着经济政治的动荡。多家机构的评估均显示油价要达到 100 美元/桶以上,甚至达到 120 美元/桶,才能维持现有政策而不致陷于经济崩溃。俄罗斯在 2001 年时油气出口仅占其财政收入的 20%,而在 2013 年已上升到 52%,按照目前俄财政支出的要求,预计油价应维持在 100 美元/桶左右。

(2)第二类为对石油出口依赖度逐渐降低国家。这类国家具备低生产成本优势,以沙特为首的海合会国家为代表。经过两次石油危机后经济陷入困境的教训,已经积累了大量的金融投资并成功运作,其中尤以科威特、卡塔尔和阿联酋最为成功,收入接近甚至超过石油出口收入。海合会国家对石油出口的依赖度降低,经济和政局相对稳定,对低油价的抗压能力相对较强(图2-14)。

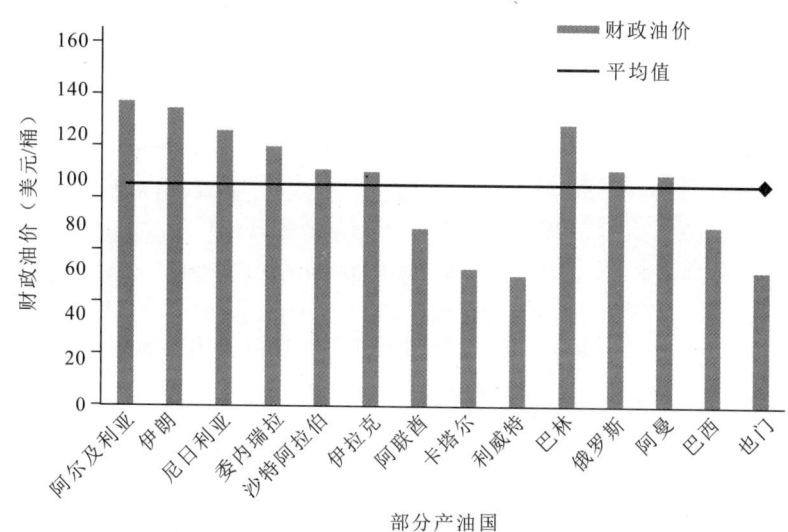

图2-14 部分产油国财政油价

(数据来源:Deloitte 德勒)

在财政油价的压力下,中东国家寻求经济转型,沙特政府宣布将公开募股,阿美不超过5%股份。阿联酋积极发展旅游业,阿联酋的旅游业在中东北非地区继续保持最具竞争力地位,未来10年保持每年5.4%的增速,2026年前旅游业及休闲业收入将达到约645亿美元。

我们可以看出:中东地区产油国的生产成本较低,但是作为石油输出国,由于各个国家的经济政治对于石油出口收入相对于其他地区而言的依赖程度比较大,还是导致了其财政成本要求普遍较高,平均水平接近100美元/桶,在财政油价上失去了其自身的生产成本优势。

4. 主要产油国维持产能将平稳推动油价回升

生产能力反映产油国的技术水平和生产规模。若全球产能提升空间保持在10%,那么油价短期内还有上升的空间。在OPEC国家中,沙特原有产能一直维持在高位,伊拉克产能上升趋势明显,伊朗、科威特、阿联酋等国家一直保持产能平稳(图2-15)。

2014—2016年,OPEC国家不断实现自身的潜在产能建设,沙特、伊拉克、卡塔尔、阿联酋等国家明显因油田项目的新建和扩张实现了低油价时期的产能增加,尼日利亚、安哥拉和伊朗等国家因军事动荡和武装制裁等因素产能有所减少,委内瑞拉因失去持续投资相应减少部分产能(图2-16)。

国际矿产品市场变化与中国的应对策略

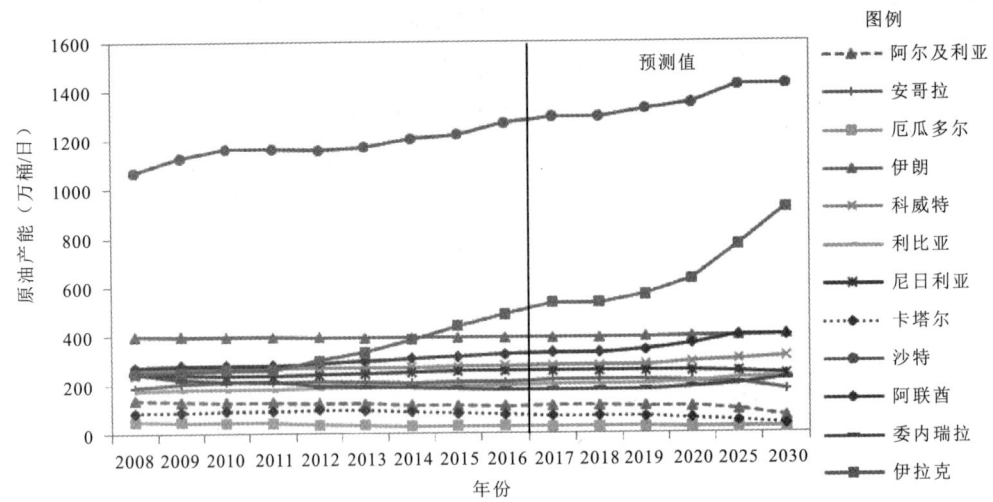

图 2-15 OPEC 主要国家原油产能变化趋势和预测

（数据来源：Wood Mackenzie）

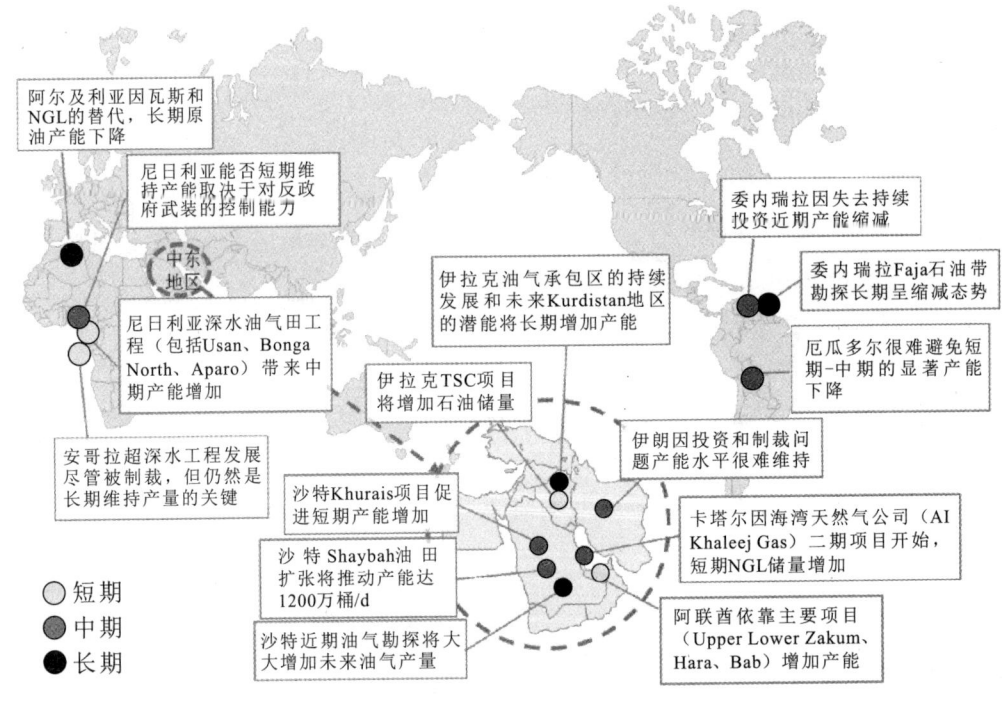

图 2-16 OPEC 主要国家原油产能变化分布示意图

（数据来源：Wood Mackenzie）

(三)未来油价预测

1. 未来两三年国际油价将平稳波动上涨,长期不会超过80美元/桶

(1)石油供需较为宽松的格局已经形成,石油周期进入第五阶段——缓和低油价阶段。

(2)油价中短期:将围绕40~60美元/桶为中枢波动,但不排除由政治因素、美元指数等变动引起短期内油价脉冲式起伏。

预测理由如下:

(3)40美元/桶以下的油价不可维持。成本因素限制,企业盈亏平衡成本和国家财政油价限制着油价不可能过低。本轮供需变动原油产能平衡值重新回归低位,油价下行空间有限。

(4)不排除由于政治因素、美元指数等变动引起短期内油价脉冲式起伏,40~60美元/桶的油价可在近两年内维持。全球大部分地区油气资源的完全生产成本(盈亏平衡)价格均在60美元/桶以下,在此价位上,低产能低效率油井被迫关停,淘汰的将是完全成本高额的落后产能,大部分油公司可以在此油价水平下基本维持盈亏平衡和持续发展能力;从财政价格看,也在海合会国家短期可忍受的范围内,因此供给的主体部分不会受到太大侵蚀,全球供给可以在较短一段时间(一两年)内维持。

(5)60美元/桶以上的油价承压。60美元/桶是资本开支扩张点,突破60美元/桶的支撑价位,页岩油、深海石油或将重启复产,给予油价一定压力。

(6)长期来看,油价或将回归到60~80美元/桶区间。这是由主要石油输出国的财政油价决定的,由于中东大部分国家、俄罗斯等原油出口大国的财政收入对石油出口依赖度较高,所依赖的财政油价较高,对于60美元/桶以下的油价,石油输出国国内经济政治秩序将难以长期维持。

本书依据WTI油价与影响因素等数据,构建GARCH模型(Generalized Auto Regressive conditional heteroskedasticity,广义自回归条件异方差模型),对未来国际油价进行预测。结果表明:未来两三年国际油价将在40~60美元/桶之间波动并逐渐上涨,短期不会超过80美元/桶。

二、天然气

(一)国际天然气价格走势回顾

1. 欧洲与亚洲天然气价格经历短暂上涨后重回低位

欧洲与亚洲天然气定价与油价密切关联,气价变化明显受到油价变化的影响。2015—2016年,气价经过短暂性的上涨后,于2017年重新回落。以德国与日本为例,2015年,德国、日本管道天然气和LNG价格分别为20.26美元/m^3和0.39美元/m^3。2017年4月,德国和日本进口价格重新回落至0.17美元/m^3和0.20美元/m^3的低位(图2-17)。

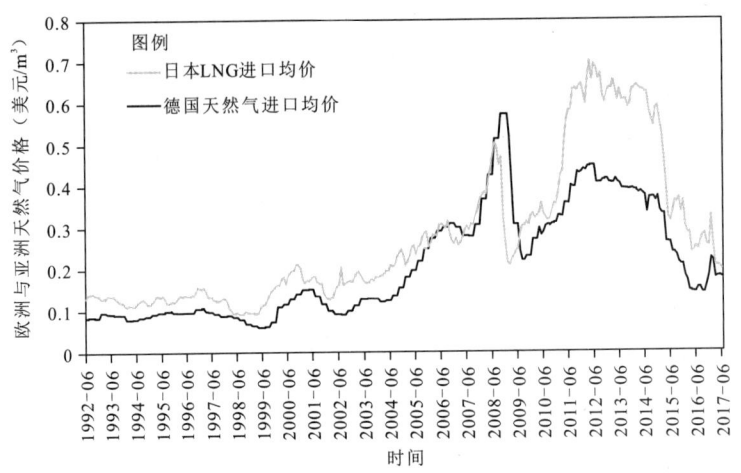

图 2-17　1992—2017 年欧洲与亚洲天然气价格

(数据来源:整理自 BP、IMF、Index Mundi 的公开资料)

2. 北美天然气价格继续保持低位震荡

北美市场以 Henry Hub 结算价为基准定价,实行不同气源之间的竞争定价。气价与油价关联性相对较弱,北美天然气市场相对独立,市场流动性较强,供需基本平衡。2013—2014 年北美天然气价格 0.15~0.16 美元/m³,2015 年下降为 0.09 美元/m³,2017 年 5 月为 0.11 美元/m³(图 2-18)。

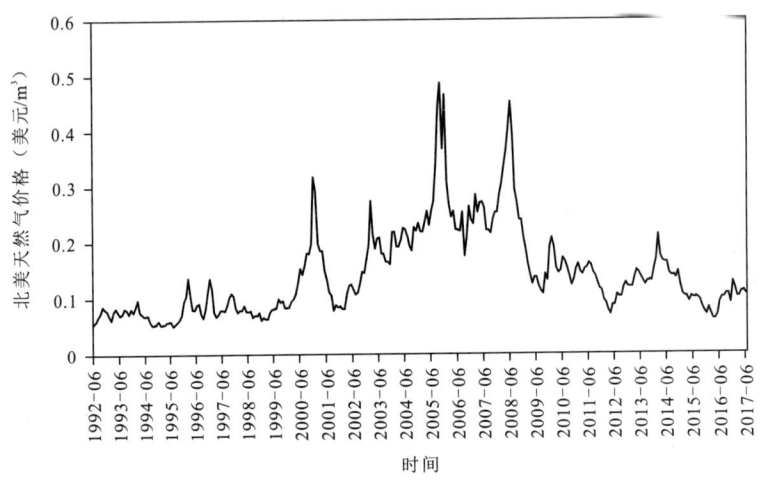

图 2-18　1992—2017 年北美天然气价格

(数据来源:整理自 BP、IMF、Index Mundi 的公开资料)

(二)天然气价格预测

由于价格低廉、供应充足,减少空气污染等因素,在未来 5 年,天然气的贸易量增长速度将快于石油和煤炭。预计到 2035 年,全球天然气贸易总量将达到约 1.2×10^4 亿 m^3,与 2010 年(0.67×10^4 亿 m^3)相比增长约 80%,其中管道气和液化气贸易量仍将平分秋色。

1. 未来两三年全球天然气价格将进一步趋同并保持在低位徘徊

1992 年以来,全球三大天然气市场价格价差整体上经历了缩小→扩大→缩小的过程。截至 2017 年 5 月,北美气价变动至 0.11 美元/m^3,欧洲气价 0.20 美元/m^3,亚洲气价回落至 0.18 美元/m^3,3 个区域天然气价格的价差缩小至 0.59:1:1.11(图 2-19)。

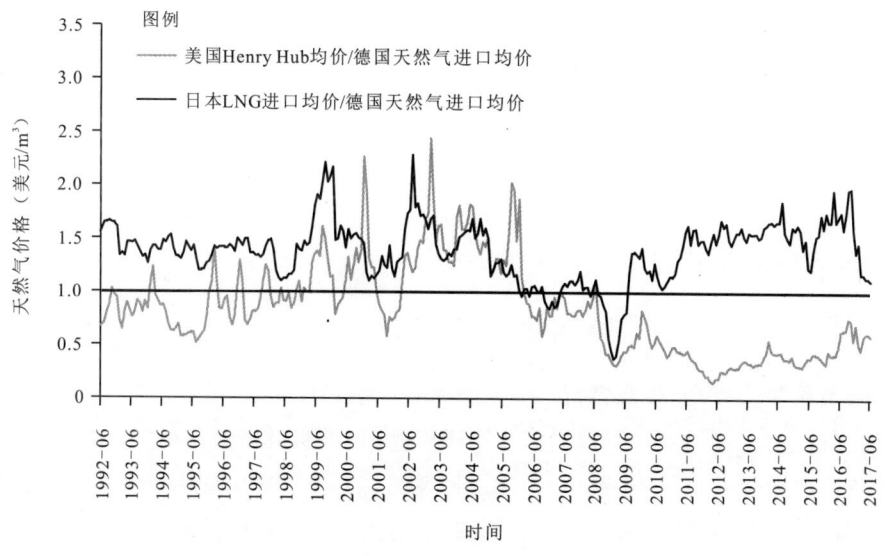

图 2-19 北美、亚洲、欧洲天然气市场价格比值变动趋势

由于许多发达国家天然气市场正在趋于饱和,美国天然气消费量与其生产量同步继续增长,美国将与澳大利亚、卡塔尔在天然气供给上产生竞争,美国距离更远,运输成本较高。2016 年,中国进口卡塔尔 LNG 到岸均价为 585 美元/t,澳大利亚 LNG 进口到岸均价 300 美元/t。

预计未来两三年,全球三大天然气市场价格将进一步趋同。综合考虑,基于历史气价数据构建 GARCH 模型,预测国际天然气价格走势。本书预测未来亚洲天然气价格将微降至 0.3~0.5 美元/m^3,欧洲天然气价格维持在 0.2~0.4 美元/m^3,北美天然气价格微升至 0.1~0.2 美元/m^3(图 2-20)。

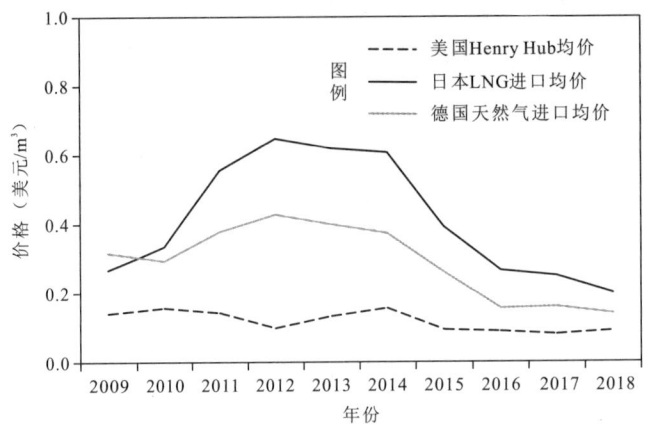

图 2-20 三大区域天然气市场价格预测

三、煤炭

(一)国际煤炭价格走势回顾

1. 煤炭价格低位震荡,触底回升

国际煤炭价格受市场、供需情况、宏观经济等影响,在 1986—2017 年间,煤价走势从基本平稳到"三起三落":①1986—2002 年,市场供求稳定,煤炭价格保持稳定;②2002—2006 年,煤炭事故造成国内煤炭产量下滑进而影响国际动力煤市场,使得煤炭价格上升,随后经过市场调整,煤价小幅回落;③2006—2009 年,煤炭市场供不应求,价格逐步上升,随后金融危机使得煤价迅速下跌;④2009—2011 年,金融危机过后,市场调整使得煤炭价格出现短期上涨(图 2-21)。

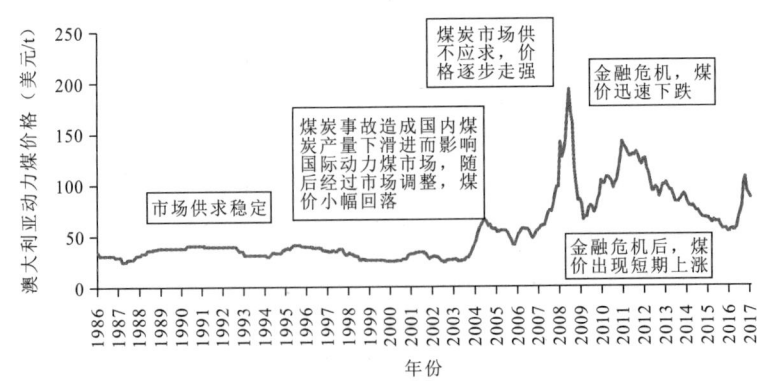

图 2-21 1986—2017 年澳大利亚动力煤价格变动趋势

(数据来源:整理自 BP、EIA、Index Mundi 的公开资料)

2016年,国际煤炭市场价格出现反弹增长,煤炭强劲上涨的主要原因来自于全球煤炭库存的大幅下降。随着中国供给侧结构性改革的推进,一方面规模小、生产效率低的煤矿逐步淘汰,同时鼓励了更具规模性的兼并重组(国电与神华合并),国内煤炭产量大幅下降,煤炭价格快速上涨。中国煤炭产量和消费量均占全球的50%左右,同时,中国也是世界上第二大煤炭进口国,仅略低于印度,截至2017年9月,由于中国煤炭价格对世界煤价的重要影响,中国煤炭市场的变动波及到全球煤炭市场。2016年,中国煤炭减产规模超过消费量下降规模,供需收紧,进口煤炭量增加,受国内煤价上涨的带动和进口量增加的影响,国际市场煤炭价格也随之上涨(图2-22)。

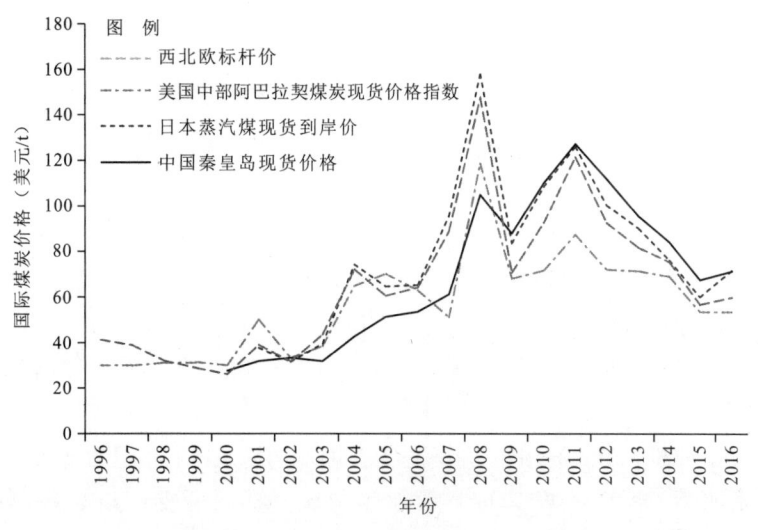

图2-22 1996—2016年国际煤炭价格

(数据来源:整理自1997—2017年的《BP世界能源统计年鉴》)

2. 全球经济增速减缓是煤价持续低迷的重要原因

随着全球经济增速放缓,主要煤炭消费国家电力和煤炭需求增量不大,进口煤需求量降低。2016年,全球GDP增速2.43%,煤炭消费减少了5300万吨油当量(-1.7%)(图2-23)。

由于发达国家加快优化能源结构,中国等主要煤炭消费国致力于淘汰落后产能和控制高耗能产业的发展,煤的需求量进一步下降是世界煤炭消费量下降的主要原因。其中,2016年,中国、美国煤炭消费量分别为26.96亿t和5.12亿t,比2015年分别下降1.36%和8.52%。

(二)煤炭价格预测

煤炭供需紧平衡,未来两三年动力煤价格有望继续上涨

2018—2020年,全球经济将整体复苏,在美国经济继续向好和新兴经济体经济增速略

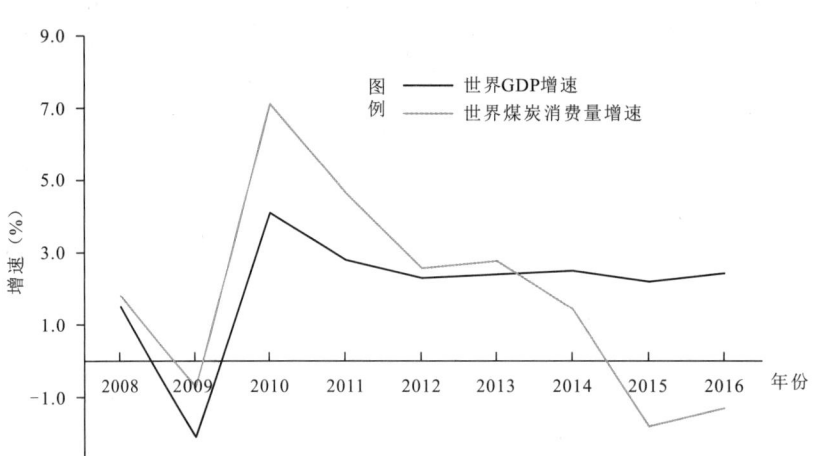

图 2-23　2008—2016 年全球 GDP 和煤炭消费量增速
（数据来源：整理自 World Bank、BP 的公开资料）

有回升的背景下，全球能源需求量将继续增加，预计总体上仍将处于震荡上行的态势。

从需求端方面分析，国内经济形势稳中向好，工业用电量增加带动用煤量增加；煤炭短期持续供需紧平衡状态，供需存在一定缺口，这部分由进口补充进而支撑国际煤价、煤炭需求的"此消彼长"。

从供给端方面分析，2017 年，中国去产能工作顺利推进，上半年退出煤炭产能 1.11 亿 t；从国际煤炭投资来看，澳大利亚、印度尼西亚等国煤企资本开支下滑显著，短期复产较难实现。

根据未来国际煤炭供需形势，随着中国去产能步伐的加速，中国供给侧改革红利仍将继续，国际煤炭价格有望上涨，基准价格或将达到 80～90 美元/t。

第三章　中国面临机遇与挑战及政策建议

- 中国原油期货市场迎来发展机遇。
- "一带一路"倡议是人民币国际化的新动力。
- 原有天然气市场格局将被打破,美、澳、卡"三足鼎立";中国多数非常规气开发成本偏高。
- 中国战略性原油储备短期内很难扩大。
- 天然气定价从"政府管制"向"市场竞争"不断演变;中国LNG进口集中度较高。

第一节　中国面临的发展机遇

一、中国原油期货市场迎来发展机遇

从1983年纽约商品交易所开始石油期货业务起,全球石油期货市场就成为国际石油市场重要组成部分。当前,国际期货市场的作用和影响力日益扩大,但亚洲没有一个能够准确反映本区域市场供需并在原油定价上有较强影响力的原油期货合约,这与亚洲在石油消费、炼能、贸易、运输方面均居世界第一的地位不符。

原油期货是我国第一个对外开放的期货品种,其期货合约的特征主要体现在"国际平台、净价交易、保税交割、人民币计价"。我国推进原油期货市场建设旨在为企业提供有效的价格风险管理工具,为企业持续经营提供风险屏障。尽管欧美已有成熟的原油期货市场,但其价格难以客观地全面反映亚太地区的供需关系。推出我国的原油期货,将有助于形成反映中国及亚太地区石油市场供求关系的基准价格体系,通过市场优化石油资源配置,服务实体经济。建设原油期货市场是我国期货市场对外开放和国际化的重要实践。中国原油期货的上市将有利于建立合理的世界石油贸易新秩序和增强亚洲在国际石油市场中的话语权。

二、"一带一路"倡议是人民币国际化的新动力

"一带一路"倡议的开展提供了人民币国际化的新动力。"一带一路"贯穿了特提斯油气

富集域的大部分地区,集中了俄罗斯、中亚国家及中东地区的重要油气资源国。该区域占到全球已探明大油气田的70%、石油剩余可采储量的75%、天然气剩余可采储量的65%。其中,中东地区具有丰富的石油资源,可以说是全球的"油库"。中东地区石油探明储量1101亿t,占全球探明总量的47.7%。2016年中东国家石油产量14.97亿t,占全球石油总产量的34.2%,石油出口879.6百万吨(2015年),占其产量的62%。而中国是中东国家最大的原油出口地,约占其出口总量的20%(表3-1)。

表3-1 "一带一路"区域未建产油气田的油气储量和高峰产量

地区/国家	石油(亿t)		天然气(亿 m³)	
	石油储量	累积高峰产量	天然气储量	累积高峰产量
俄罗斯	16	0.8	8.4	0.35
中亚	4	0.1	2.1	0.06
中东	56	2.8	5.8	0.84
亚太	3	0.3	2.9	0.34
合计	79	4.0	19.2	1.59

注:石油、天然气储量为2P储量,即证实储量(proved reserves)与概算储量(probable reserves)的和。
(数据来源:中国石油集团经济技术研究院)

现阶段的人民币国际化仍处于初级阶段。"一带一路"倡议实施以来,中国同沿线国家油气合作步伐逐步加快,合作领域进一步拓展,合作成果逐步显现。中国西北、东北、西南和东部海上的四大跨国油气战略通道业已成型。资源优势叠加贸易优势,给予人民币国际化良好的发展前景(表3-2)。

表3-2 "一带一路"重大油气项目统计

地区/国家	油气项目	地区/国家	油气项目
俄罗斯	中俄东线天然气管道项目	中东	沙特延布炼厂
	中俄西线天然气管道项目		阿布扎比ADCO陆上油田项目
	中俄原油管道二线项目		伊拉克爱哈达部油田项目
	鲁斯科耶油气田项目		伊拉克米桑油田群
	尤路勃切诺-拖霍姆油气田项目		伊拉克鲁迈油田项目
	俄罗斯亚马尔液化天然气一体化项目		伊拉克哈法亚油田项目
	万科尔油田项目		伊拉克西古尔纳项目
中亚	中国-中亚天然气管道项目		伊朗北阿、南阿项目,MIS油田项目
	中哈原油管道		伊朗亚达瓦兰油田
	中哈天然气管道		卡塔尔海上第4区块项目
	哈萨克斯坦苏克天然气公司		阿曼项目
	塔吉克斯坦丹格拉炼油厂项目		阿联酋曼德油田
缅甸	中缅天然气管道		阿联酋富查伊拉石油仓储项目

在有效控制市场投机因素的前提下,中国原油期货市场以人民币为保证金,可以集中反映国内能源需求,并与新加坡、日本原油期货市场形成集团效应,挤去国际原油价格中的投机泡沫,使原油价格更加理性。

三、天然气市场美、澳、卡"三足鼎立"

随着天然气市场的发展,世界各国开始逐步重视和加快 LNG 建设发展,美国将与澳大利亚、卡塔尔和俄罗斯等主要天然气生产国竞争出口市场。

美国:自 2005 年页岩气革命爆发后,国内天然气严重供过于求,造成气价走低,市场不稳。2017 年 4 月,美国国内天然气价格同比降低了 11%,天然气过剩局面只有通过大量出口才能缓解。2016 年,美国天然气产量 7492 亿 m^3,液化天然气出口 44 亿 m^3,其中向中国出口 3 亿 m^3,仅占出口总量的 6.82%。

澳大利亚:液化天然气将是澳大利亚重要的出口商品之一,新投入运营的液化天然气设施帮助它实现了大幅增产(190 亿 m^3,25.2%),2016 年澳大利亚出口 LNG 约 568 亿 m^3。

卡塔尔:长期以来,卡塔尔占据世界 LNG 贸易市场主导地位。2016 年,卡塔尔 LNG 出口占全球出口总量的 30.12%。

美国要发挥能源资源大国的优势,增加美国对外的能源出口,尤其是 LNG 出口来实现美国由能源"独立国"转变为能源"主导国",2017 年 6 月,美国切尔尼(Cheniere)能源公司已将首批 LNG 运往波兰和荷兰。据国际能源咨询机构 Wood Mackenzie 预测,到 2030 年,中美 LNG 进出口贸易额将达到每年 260 亿美元。

四、煤炭清洁利用推动中国经济绿色增长

我国化石能源储量中,煤炭占比 90%以上,石油和天然气不足 10%,煤炭在较长时间内仍是我国的主体能源。随着中国经济发展进入新常态,国内宏观经济增速放缓,能源需求和增速下降,中国煤炭市场呈总量宽松、结构性过剩的态势,这为大力推进煤炭清洁高效可持续开发利用提供了难得的历史机遇。

近年来,煤炭的利用由燃料转向燃料和原料并重,使得煤制油和煤化工领域取得快速发展。煤制油技术可以增强我国议价能力,提升我国话语权。煤制油、煤化工作为国家战略,对于推动我国经济绿色增长、提升我国国际地位、增强我国国际话语权具有重要作用。

五、未来国际能源政策的转变

特朗普政府能源政策的目标是追求美国能源独立和促进经济增长与就业,其核心是发展化石能源。美国能源政策凸显了"美国优先"的理念,期望把能源出口作为一种地缘政治手段。特朗普政府的能源政策短期内将有力地推动美国化石能源的增长,但从长期来看,市

场和技术因素会发挥更为重要的作用,并会给国际能源价格带来下行压力,改变既有定价模式,冲击现有能源格局和地缘政治格局。

国际油价的下跌使沙特阿拉伯经济增速放缓、财政赤字扩大、外汇储备减少,2016年外汇储备20 092亿里亚尔[①],比2014年减少了7371亿里亚尔;2016年沙特阿拉伯财政赤字达到了4354亿里亚尔。同时沙特阿拉伯也面临着新王储统治下的政治局面。如何落实沙特阿拉伯"2030愿景",其油气发展环境前景未明(表3-3)。

表3-3 沙特阿拉伯的主要经济指标

经济指标	2000年	2005年	2010年	2011年	2012年	2013年	2014年	2015年	2016年
经济增速(%)	5.6	5.6	4.8	10.3	5.4	2.7	3.7	4.14	1.4
通货膨胀率(%)	-1.1	0.5	3.8	3.7	2.9	3.5	2.7	2.2	3.5
失业率(%)	4.6	6.1	5.5	5.8	5.5	5.6	5.7	5.6	5.7
财政盈余(亿里亚尔)	226	2214	706	2803	3303	1616	-961	-3867	-4054
外汇储备(亿里亚尔)	—	5808	16 693	20 401	24 622	27 215	27 463	23 116	20 092

(数据来源:IMF,沙特货币局)

第二节 中国面临的重大挑战

一、中国战略性原油储备短期内很难扩大

石油战略储备对于保障国家的能源与经济安全有着重大意义,很多原油净进口国,都已建立比较完善的原油战略储备体系。近年来,随着经济发展带来的能源需求增加,中国对石油进口的依赖度持续攀升,加快储备体系建设的紧迫性日益凸显。在油价下跌且持续低迷的时期,我国进一步扩充了石油战略储备,基本完成了储备扩充,石油战略储备体系也正在建设中。

我国现有的一期及二期部分建成战略储备设施已接近满仓。在建战略储备区从工程建设到实现注油有一定的时间滞后,短期内扩大战略储备的难度较高。发展中国家大增储备使消费量抬升基本变为不可能(表3-4)。

[①] 1里亚尔约为1.64元人民币,美元与里亚尔间的固定汇率为1∶3.75。

表 3-4 中国石油战略储备工程概览

期次	地点	原油储备能力(万 m³)	建设公司	建设情况
一期	浙江镇海	520	中国石油化工集团有限公司	2006 年建成
一期	山东黄岛	320	中国石油化工集团有限公司	2007 年建成
一期	辽宁大连	300	中国石油天燃气股份有限公司	2008 年建成
一期	浙江舟山	500	中国中化集团有限公司	2008 年建成
二期	新疆独山子	300	中国石油天燃气股份有限公司	2011 年建成
二期	甘肃兰州	300	中国石油天燃气股份有限公司	2011 年建成
二期	天津	320	中国中化集团有限公司	
二期	广东惠州	500	中国海洋石油集团有限公司	
二期	江苏金坛	250	中国石油天燃气股份有限公司	
二期	辽宁锦州	300	中国石油天燃气股份有限公司	
二期	广东湛江	700	中国中化集团有限公司	
二期	新疆鄯善	800		
二期	舟山二期	300	中国中化集团有限公司	
二期	黄岛二期	300	中国石油化工集团有限公司	
三期		2800(规划)		
合计		8510		

二、中国 LNG 进口集中度较高

我国 LNG 进口主要集中在澳大利亚和卡塔尔等国。2016 年,我国从澳大利亚进口液化天然气 157 亿 m^3,占我国进口总量的 45.77%;从卡塔尔进口 65 亿 m^3。2016 年,美国开始出口 LNG 之后,成为我国第六大 LNG 进口来源国。美国 LNG 出口贸易以低成本和新的收费交易模式,对全球 LNG 市场产生了一定的冲击(图 3-1)。

中国进口价是在参照日本液化天然气到岸价的基础上制定的。LNG 进口集中度偏高,不利于中国在 LNG 贸易中的谈判定价。澳大利亚和卡塔尔 LNG 进口高集中度,可能会导致出口国形成贸易和价格垄断。美国供应商已经开始出口基于短期协约 LNG 贸易,2017 年 11 月特朗普访华期间,国家能源投资集团与西弗吉尼亚州宣布达成框架协议,对后者页岩气和化学品生产项目投资 837 亿美元,这有利于我国吸收引进美国先进的页岩气开发技术,促进页岩气的开发利用。

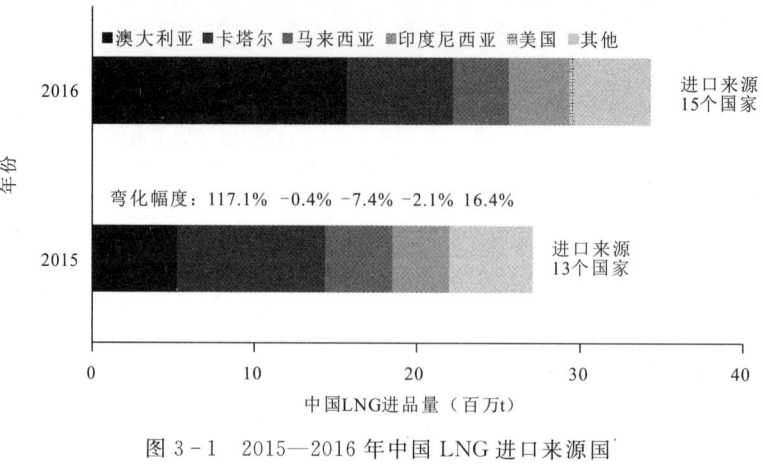

图 3-1　2015—2016 年中国 LNG 进口来源国

（数据来源：中国海关统计）

三、中国页岩气商业化开发成本偏高

全球页岩气储量丰富。美国能源署统计了 32 个国家页岩气的技术可采储量，页岩气总储量为 187.6 万亿 m^3。其中，中国页岩气可采储量位居世界第一，达到 36.1 万亿 m^3，远远超过了探明的 3.0 万亿 m^3 常规天然气储量（图 3-2）。

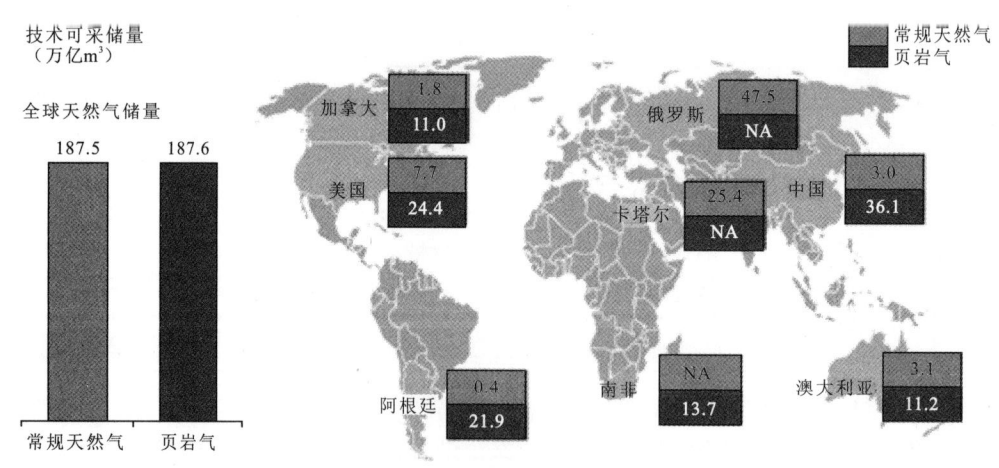

图 3-2　全球常规天然气和页岩气技术可采储量分布示意图

（数据来源：EIA 2016 美国能源署）

2016 年，中国常规天然气消费量 2103 亿 m^3，产量 1384 亿 m^3，供需缺口 719 亿 m^3，对

外依存度不断提高。2016年,中国页岩气年产量达到78.82亿m^3。作为继美国、加拿大、阿根廷后实现页岩油(气)商业开发的国家之一,由于页岩结构、开发地形、技术手段等因素,中国页岩气开发成本高。2015年,中国页岩气开发成本(单井钻探和完井成本费用)为10.4~11.7MMBtu,同期美国单井成本为4.9~8.3MMBtu,其中,钻井成本2.0~2.6MMBtu,完井成本3.8~5.6MMBtu,比我国页岩气开发成本偏低(表3-5)。

表3-5 中美页岩气与常规天然气开采成本对比

油气田名称	预估平均开采成本(元/m^3)
美国典型页岩气	1.5
四川页岩气(开采早期)	2.5~4.5
四川页岩气(开采成熟期)	1.5~2.5
川渝气田	0.63
长庆气田	0.65
青海气田	0.60
新疆气田(不含西气东输气田)	0.51
其他(大港、辽河、中原等)	0.60

(数据来源:MOLBASE)

四、煤炭去产能任务艰巨

煤炭"去产能"是推进供给侧结构性改革中的重要任务。截至2017年10月份,中国已提前完成1.5亿t去产能目标。伴随去产能的不断深入,"剩者红利"逐步释放,积极成效正在显现,对于改善市场预期起到了积极的作用,促进企业经营状况明显好转。2017年前10个月煤炭开采和洗选业利润总额为62 450.8亿元,同比增长23.3%。但同时也造成了煤炭价格的持续上涨,并有部分煤炭企业复产。煤炭产能过剩是一个长期积累的问题,去产能要充分考虑到影响市场价格波动的因素,更应该充分保证市场的调节机制。2017年12月,我国电煤价格指数157,同比上涨了44.8%(图3-3)。

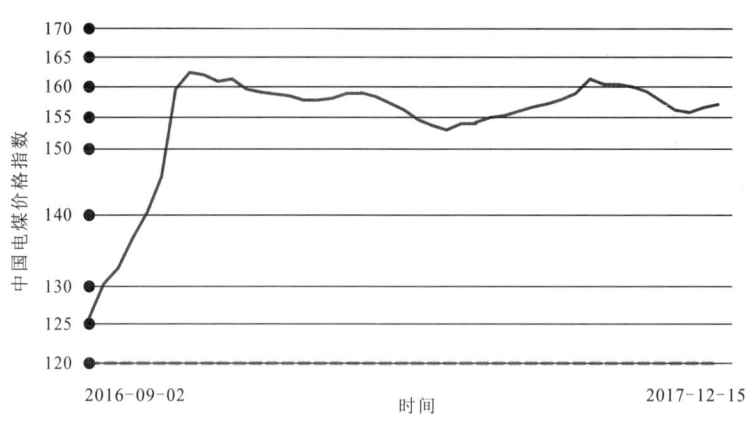

图 3-3 2016年9月—2017年12月中国电煤价格指数

(数据来源:国家煤炭工业网)

第三节 政策建议

一、扩大期货产品选择与交易量,加强风险防控

中国原油期货应以中质含硫原油作为交割标的,与 WTI 和 Brent 原油期货的标的是轻质低硫原油形成差异化;推出多种满足各类原油贸易的期货合约,扩大原油期货交易量;应积极举办各类市场推广活动,帮助境内外交易者熟悉产品和规则,扩大我国原油期货市场在国际石油贸易中的影响力。

注意防止期货交易可能造成的高风险,需要制定严格的风险控制制度,加强对交易风险的防范,做好日常风险的监测监控及预研预判,及时采取有效措施化解风险隐患。

二、深化中美页岩气合作,扩展进口多元化

随着全球 LNG 供需状态发生转向,卖家对消费市场的争夺趋向激烈。除了传统的中东、澳大利亚、东南亚等 LNG 供应地之外,受益于页岩气开发的美国正在积极推动 LNG 出口,买家话语权明显提升。

深入落实中美页岩气及液化天然气合作。页岩油气开采技术是美国巨大的优势,中国以市场换技术是中美能源合作的体现。我国应鼓励国内企业"走出去"积极参与页岩气资源

全产业链开发和利用方面的合作。

亚太地区作为全球天然气消费增长最旺盛的地区,应积极扩展上海石油天然气交易中心的影响力,争取亚太地区天然气定价权,提升在国际能源市场的地位。努力使中国天然气价格或指数成为中国乃至亚太地区石油天然气贸易合同定价基准。

中国天然气进口贸易应采取多元化措施,在澳大利亚、美国和卡塔尔等国家的天然气液化能产能持续释放,中国、印度等新兴市场国家的需求维持较快增长,天然气贸易的灵活度进一步增强的背景下,构建包括长期、中期、短期和现货的组合,提高贸易灵活性。

三、深化"一带一路"能源合作,推进人民币国际化

以能源贸易为重要抓手,继续深化"一带一路"沿线能源领域合作,在现有能源贸易规则之下,积极探索新的、更符合市场的贸易秩序和贸易规则,构建新的全球能源贸易新格局。

在金融全球化及国际货币体系不断变化整合的形势下,国际石油交易货币和定价的多样化是能源市场发展的大方向。石油交易人民币化就是其中的一种尝试。我国应加快与"一带一路"沿线国家建立"石油人民币"体系,深化"一带一路"沿线原油期货市场的推广和合作;积极开展与俄罗斯、伊朗、委内瑞拉等国家的石油贸易人民币结算方式,逐步建立石油金融的人民币体系,提升人民币在国际货币市场中的地位。

四、科学规划煤炭去产能,避免煤炭价格发生波动

合理规划部署煤炭去产能步伐,选择科学的方法,把握适度的节奏,避免煤炭价格发生大幅度的波动。应发挥市场基础性作用,凡是市场和企业能决定的都应交给市场和企业。政府应对产能进行科学引导,疏堵结合,既考虑产能调整全局,又要顾及地方资源优势和发展经济的合理诉求,通过推进煤炭产业转型升级,用发展的办法解决去产能中的问题。

明确落后产能判别标准,减少政府行政干预,利用市场竞争的优胜劣汰来自我调节,让落后产能及时退出市场,先进产能顺利参与竞争;细化淘汰方式,不同的落后产能处理方式不同,对于改造升级和兼并重组的落后产能,应充分发挥大型煤炭企业资源整合的优势,鼓励它们自主参与小煤矿的兼并重组,对于安全基础条件差且难以改造的小煤矿,要加强政府监管,逐步引导此类小煤矿退出煤炭市场;在降低退出壁垒的同时提高行业准入门槛,有利于提高煤炭行业机械化程度,保证煤炭市场化改革的进一步深化。

第二篇
黑色金属市场

第四章 全球铁矿石市场格局

- 2016年全球铁矿石总产量21.06亿t,产量稳中有升。
- 世界铁矿石供需格局依旧,中国进口10.24亿t。
- 澳矿和巴西矿是中国铁矿石的主要进口来源,份额占比持续增加。
- 中国铁矿石价格与钢价正相关性较强。
- 2017年上半年铁矿石价格突破70美元/t。

第一节 全球铁矿石产量稳中有升

2016年全球铁矿石总产量21.06亿t,比2015年增加了2.06%。按照世界平均品位折合的铁矿石产量折算,澳大利亚、巴西、中国的铁矿石产量分别为8.14亿t、4.26亿t和1.28亿t,合计占全球铁矿石总产量的66.24%。

2000—2016年,全球铁矿石总产量总体呈上升趋势,增加了11.46亿t,年均增量0.72亿t,年均增长率5.28%。2000年以后,全球特别是亚洲地区钢铁工业快速发展,带动了铁矿石消费量的大幅提升,进而拉升了全球铁矿石总产量(图4-1)。

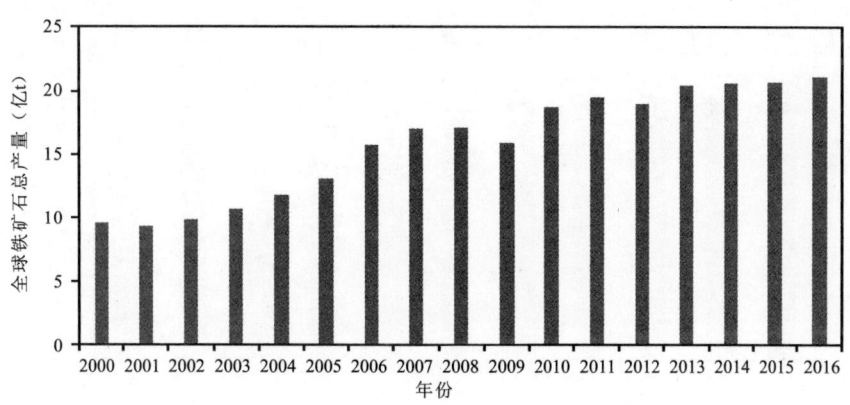

图4-1 2000—2016年全球铁矿石总产量

[数据来源:WSA(The World Steed Association)]

第二节 中国、日本、欧盟、韩国是铁矿石的主要进口国家和地区

2006—2016年,全球铁矿石进口总量增长79.25%。2016年,全球铁矿石进口总量14.42亿t,其中,中国10.24亿t,日本1.3亿t,欧盟1.02亿t,韩国0.72亿t,上述4个国家和地区进口总量占比92.13%(图4-2)。

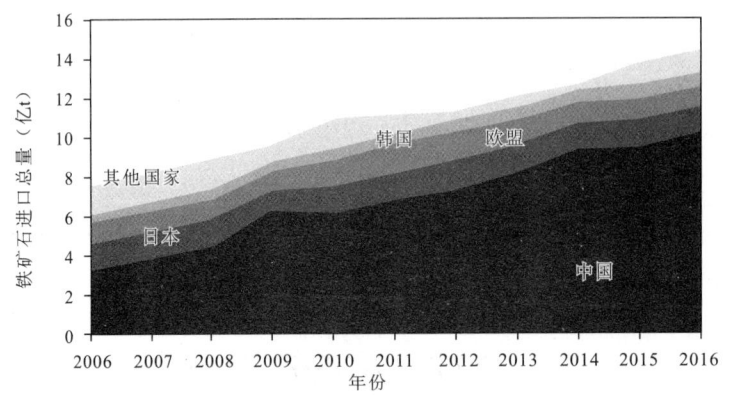

图4-2 2006—2016年主要铁矿石进口国铁矿进口总量

(数据来源:UN Comtrade)

2016年,中国铁矿石进口主要来自澳大利亚、巴西、南非、印度等国,进口量小幅增加。2016年,中国进口澳矿6.39亿t,占进口总量的62.49%;进口巴西矿2.15亿t,占进口总量的20.95%;进口南非矿0.45亿t,占进口总量的4.38%;进口印度矿0.16亿t,占进口总量的1.52%。与2015年进口来源相比,变化不大(图4-3)。

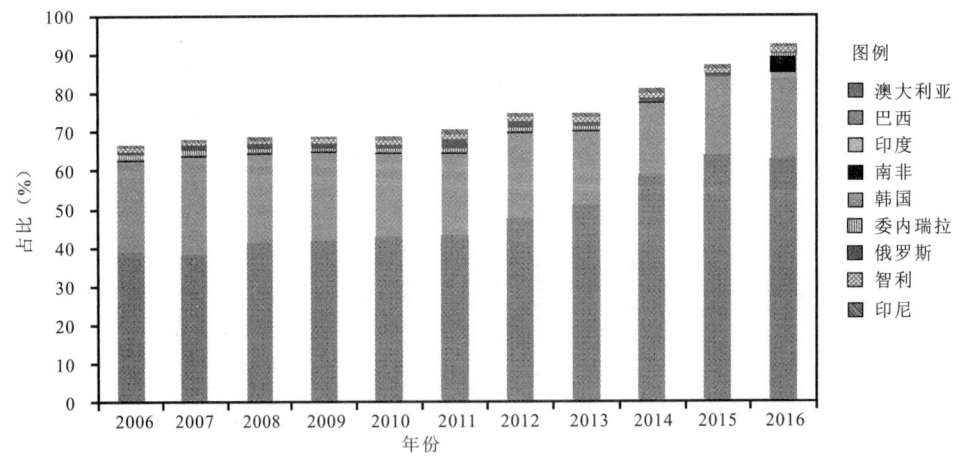

图4-3 2006—2016年中国铁矿石主要进口来源

(数据来源:UN Comtrade)

2016年,全球粗钢表观消费量15.15亿t,其中中国消费量6.81亿t,占比45%。2013年,中国粗钢表观消费量达到峰值7.35亿t,2014和2015年同比逐年下降,下降幅度3.3%和5.4%。虽然2016年粗钢表观消费量略有增长,但稳中下降趋势并未改变(图4-4)。

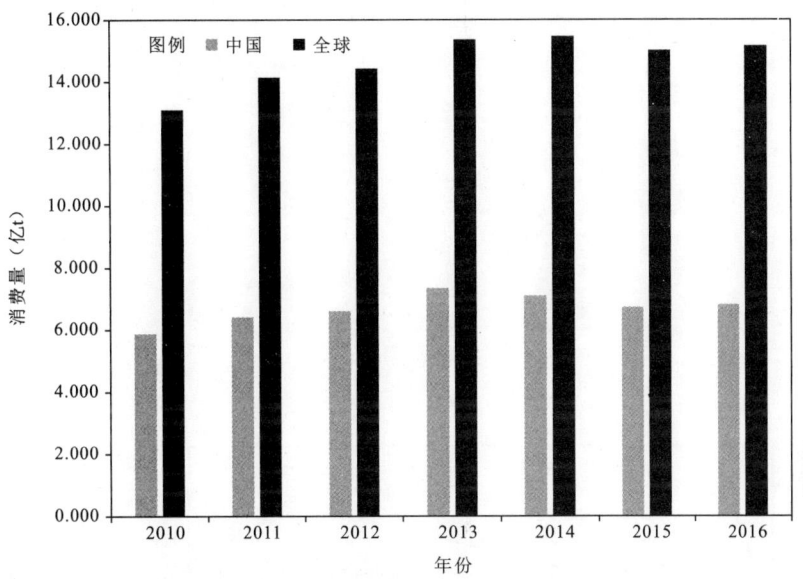

图4-4 2010—2016年中国与全球粗钢表观消费量

(数据来源:《世界钢铁统计年鉴(2017)》)

第三节 澳大利亚、巴西为主要出口国,出口份额持续增加

矿产较为丰富的俄罗斯、印度受到国内政策限制,产量大多供应国内需求;中国铁矿石储量较高但是品位较低,开采成本高,国内需求尚未能满足,澳大利亚及巴西成为全球铁矿石主要供应国。全球铁矿石主要来自澳大利亚和巴西,澳大利亚、巴西铁矿石主要来自四大矿商,四大矿商控制了超过70%的铁矿石国际贸易市场份额(图4-5)。

2016年,全球铁矿石出口量15.02亿t,其中,澳矿和巴西矿出口占主导地位,分别为8.53亿t和3.74亿t,分别占全球出口总量的56.80%和24.89%;其次为南非、加拿大和瑞典,出口量分别为0.65亿t、0.65亿t和0.23亿t,分别占全球出口总量的4.33%、4.33%和1.51%(图4-6)。

国际矿产品市场变化与中国的应对策略

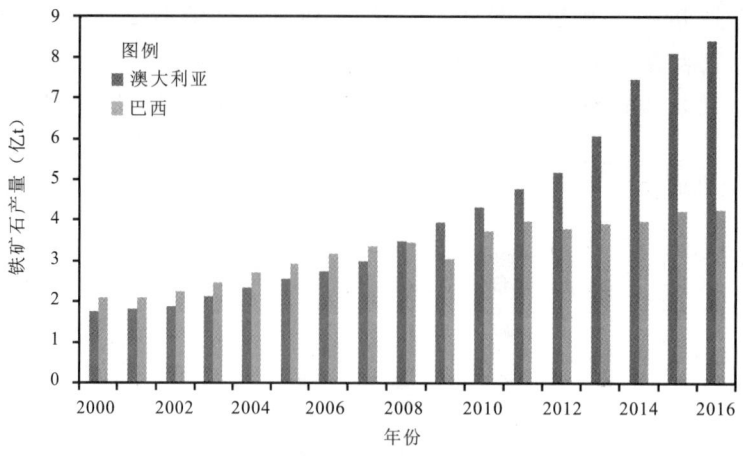

图 4-5 2000—2016 年澳矿与巴西矿产量

(数据来源:WSA)

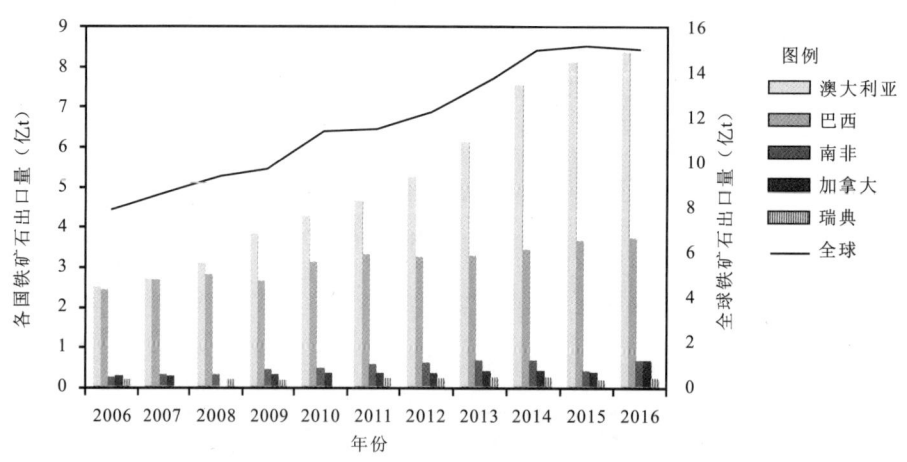

图 4-6 2006—2016 年全球主要国家的铁矿石出口量

(数据来源:UN Comtrade)

澳矿出口主要集中在亚洲地区。2006—2016 年,澳矿的出口格局并未改变,但市场份额发生了变化。2006 年,澳矿出口 2.65 亿 t,其中中国占比 54.18%,日本占比 31.47%,韩国占比 11.21%;2016 年,澳矿出口 8.53 亿 t,中国占比增加到 83.38%,日本减少到 9.40%,韩国减少到 6.62%(图 4-7)。

巴西矿出口以亚洲和欧洲国家为主。2006—2016 年,巴西矿的出口格局未有较大改变,但市场份额发生了变化。2006 年,巴西矿出口 2.42 亿 t,主要进口国占比分别为中国 46.81%,日本 18.79%,德国 13.64%,法国 7.16%,韩国 7.07%;2016 年,巴西矿出口上升至 3.74 亿 t,其中,中国占比上涨至 69.99%,日本下降至 9.47%,马来西亚上升至 7.42%,欧洲国家总体份额呈下降状态(图 4-8)。

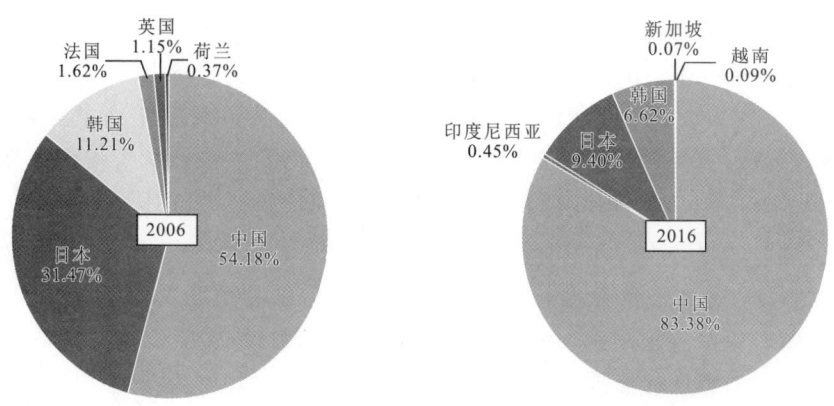

图 4-7　2006 年和 2016 年澳大利亚铁矿石的主要出口国

（数据来源：UNCD）

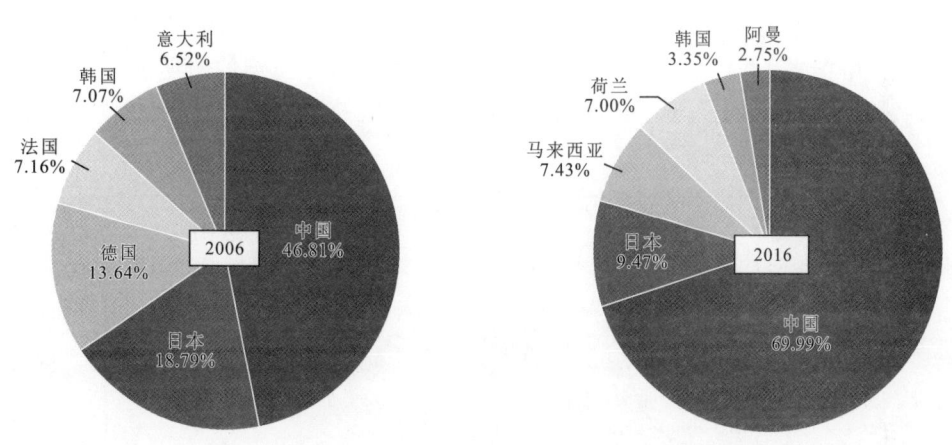

图 4-8　2006 年和 2016 年巴西铁矿石的主要出口国

（数据来源：整理自 UNCD 的公开资料）

第四节　中国铁矿石价格与钢价正相关性较强

铁矿石行业作为上游行业，从中游角度来看，铁矿石的中游为钢铁行业，钢价对钢铁生产产生指向作用，从而影响到铁矿石的需求量，并进一步影响铁矿石的价格。2005 年以来中国钢价和矿价的变化情况划分为以下 5 个阶段（图 4-9）。

（1）经济高速发展期：2005 年 1 月—2007 年 12 月，中国经济仍处于上升周期，对钢材需求旺盛，钢材价格呈现震荡上升的趋势，矿价指数也由 102 上升至 191，累计涨幅达 87.25%。

(2)经济增速下滑期:2008年1月—2009年6月,中国经济开始下行,但在2008年6月之前,随着全球商品大牛市的深入,钢材价格持续走高,并且在2008年7月初达到了历史高点,矿价指数于2008年6月达到202;2008年9月,全球爆发金融危机,实体经济受到冲击,中国经济下行加速,钢铁需求量下降,钢铁价格也呈现断崖式下跌,矿价指数从高点202暴跌至2009年6月的89,累计跌幅达55.94%。

(3)经济刺激回暖阶段:2009年7月—2011年9月,中国经济在4万亿的刺激下开始回暖。2008年11月,国家实施新增4万亿元的投资计划,刺激经济发展。2009年6月,经济开始有所回暖,对钢铁需求增加,刺激钢价上行,矿价指数也从2009年7月的104上升至2011年9月的185,累计涨幅达77.88%。

(4)经济下行调整阶段:2011年10月—2015年12月,中国经济处于调整阶段,增速较平缓,叠加4万亿刺激使得钢铁产能迅速扩张,钢铁市场呈现供过于求的局面,钢价进入震荡下降通道,矿价指数从2011年10月的153下降至2015年12月的51,累计跌幅达66.67%。

(5)经济平稳发展阶段:2016年1月至今,中国经济企稳、政策刺激乏力、信贷周期扩张,三者叠加,使中国进入"去产能"的开局之年,钢铁行业形成了典型的短期供需错配,钢价有所回暖,矿价指数也从2016年1月的51上升至2017年11月的66,累计涨幅达29.41%。

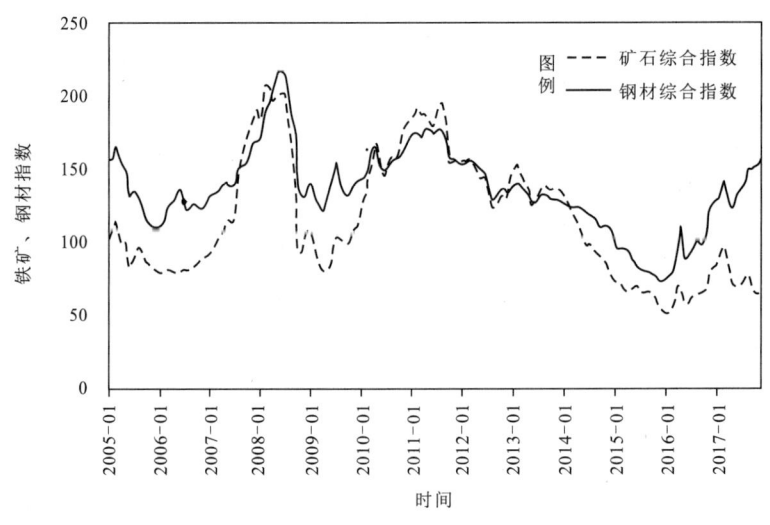

图4-9 中国铁矿石价格与钢价的正相关性

(数据来源:钢联资讯)

第五节 2017年上半年价格突破70美元/t

2017年5月末,国际铁矿石价格降到52美元/t低点后,开始持续上涨;7月末,铁矿石价格围绕70美元/t价位震荡,进入8月份,铁矿石价格直接突破70美元/t,最高点达到76.07美元/t(图4-10)。

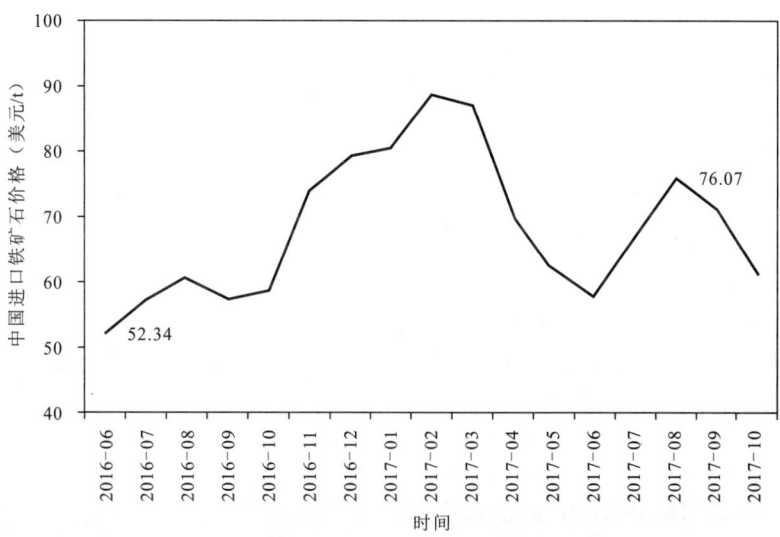

图4-10 2016年6月—2017年10月中国铁矿石进口价格

(数据来源:INDEX MUNDI)

在库存高企、产能过剩、需求低迷的背景下,价格高涨不可持续。

1. 库存高企

2017年1月起,中国港口铁矿石库存高企。2017年7月,中国主要港口铁矿石库存量1.44亿t,达到创纪录的水平,10月库存有所下降。2016年,中国铁矿石需求保持稳定,加之市场风险情绪的上升,使得港口融资矿增多,融资矿大约在7000万~8000万t。主要出口商淡水河谷等矿商为了减少成本,将混矿作业从马来西亚转移到中国港口,这也直接增加了港口库存量(图4-11)。

2. 产能过剩

四大矿商新项目的逐步投产导致供应量持续增加,产能过剩。2017年上半年,淡水河谷铁矿石产量1.78亿t,同比增长8.3%;其中在第二季度,创下历史同期新高9180万t。2016年底,淡水河谷投产了S11D矿山项目,该项目年产能9000万t。2017年8月30日,力拓集团开发的Silver Grass矿山正式投产,该项目年产能达1000万t。

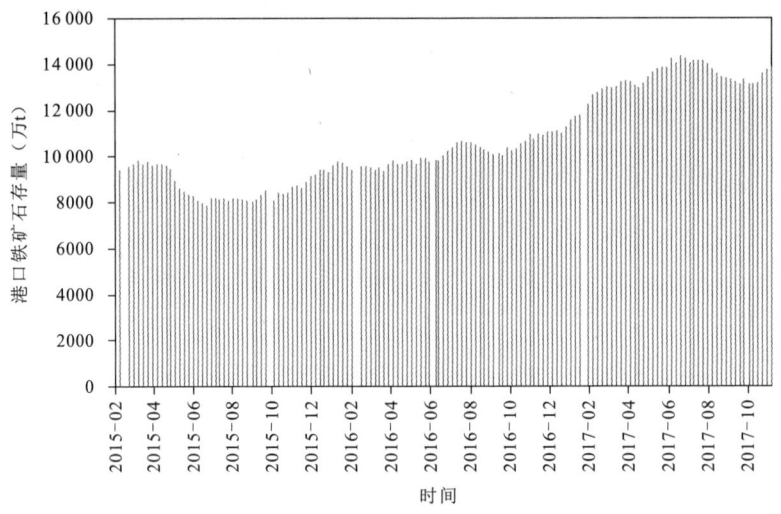

图 4-11　2015—2017 年中国主要港口铁矿石存量

(数据来源：西本新干线)

铁矿石价格恢复,国内矿山复产。2014 年下半年矿业寒冬之后,矿价持续下跌,国内矿山大部分陷入亏损,2015 年开工率大幅下降。自 2016 年 1 月触及冰点之后不断反弹,国内矿山陆续开始复产。

3. 需求低迷

供给端生产量不断增加,需求量却在缓慢下降。2016 年,中国需求量 12.09 亿 t,较 2014 年下降 2800 万 t,除中国外的亚太地区需求量 3.18 亿 t,欧洲 1.88 亿 t,欧共体、中东、非洲 1.25 亿 t,较 2014 年均有所下降(图 4-12)。

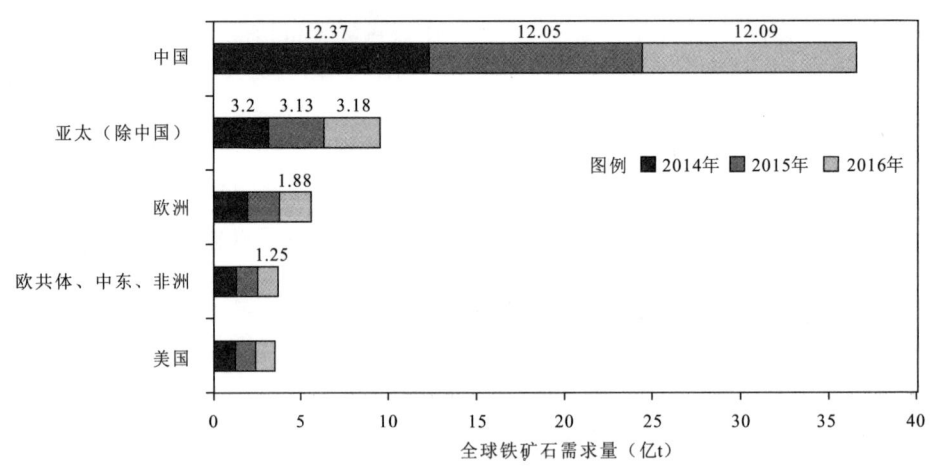

图 4-12　2014—2016 年全球铁矿石需求量

(数据来源：矿商年报整理)

第五章 全球主要矿商竞争优势

- 四大矿商储量、品位、成本优势明显。
- 原矿储量主要集中在澳大利亚、巴西、俄罗斯和中国,全球平均品位45.29%;四大矿商原矿储量占1.94%,平均品位57.21%。
- 2016年,四大矿商产量10.25亿t,占总量的51.10%,寡头垄断格局依旧。
- 按照开采成本、现金成本和完全成本比较:四大矿商成本较低,FMG成本下降显著,国内矿山成本较高。
- 国内矿山产能利用率低下,对外依存度高企[①]。

四大矿商铁矿石产量占据全球铁矿石总产量的半壁江山。无论是从全球铁矿石的供应格局,还是从中国进口结构来看,四大矿商都居于举足轻重的地位。由于四大矿商巨大的成本优势,在高成本矿山逐步退出竞争的背景下,四大矿商的竞争优势越发稳固。

第一节 四大矿商储量大、品位高、成本低

一、储量大、品位高

1. 全球原矿储量与含铁量

2016年,全球铁矿石原矿储量1700亿t,较2015年(1900亿t)减少了200亿t。全球原矿储量主要集中在澳大利亚、巴西、俄罗斯和中国,分别为520亿t、230亿t、250亿t和210亿t,合计占比71.18%。从铁矿石含铁量来看,2010年以后,全球含铁铁矿石储量800亿t以上,2015年全球含铁铁矿石储量达到850亿t。从国别层面看,澳大利亚、巴西、俄罗斯含铁铁矿石储量较高,分别为240亿t、120亿t和140亿t,合计占比58.82%(图5-1)。

---

① 高企:常用于金融、股票业、物价类,指价位持续停留在较高的位置不落,且有再升高的可能,中性词。

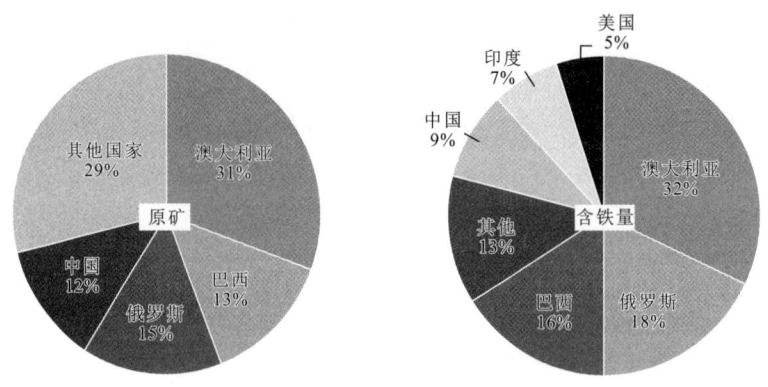

图 5-1 全球铁矿石原矿储量和含铁量储量分布

（数据来源：WSA、WIND、中债资信）

2. 四大矿商储量、品位

2016 年，四大矿商［淡水河谷（Vale）、力拓（Rio Tinto）、必和必拓（BHP Billiton）和 FMG（Fortescue Metals Group）］铁矿石原矿储量分别为 184.42 亿 t、58.88 亿 t、40.02 亿 t 和 21.73 亿 t，合计占全球总原矿储量的 17.94%，折算成铁矿石含铁储量分别为 98.85 亿 t、37.09 亿 t、24.45 亿 t 和 12.42 亿 t，合计占全球总含铁（量）储量的 20.3%（图 5-2）。

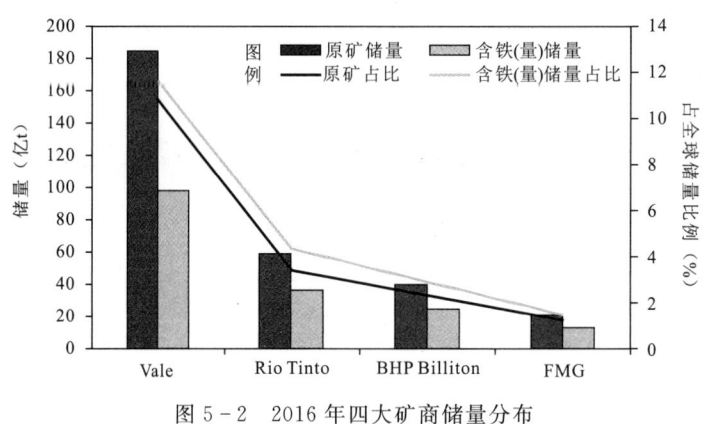

图 5-2 2016 年四大矿商储量分布

（数据来源：矿商年报）

3. 品位差异达到 12.47%

全球铁矿石平均品位 45.29%，四大矿商平均品位 57.21%，较全球平均品位高 11.92%。四大矿商中淡水河谷品位稍低，为 53.60%；力拓品位最高，为 62.05%；必和必拓和 FMG 品位分别为 56% 和 57.2%。中国铁矿石储量虽然较大，但矿山含铁量 25%～40%，平均品位 31.3%，比全球平均品位约低 14%（图 5-3）。

第五章　全球主要矿商竞争优势

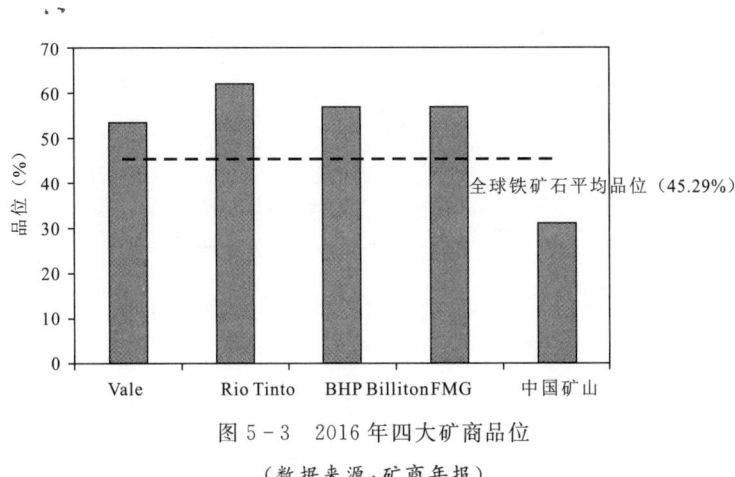

图 5-3　2016 年四大矿商品位

（数据来源：矿商年报）

四大矿商新增储量部分的矿石品位依旧较高。截至 2017 年 6 月，FMG 铁矿石探明储量 28.91 亿 t，其中，赤铁矿 21.91 亿 t，平均品位 57.2%；磁铁矿 7 亿 t，平均品位 67%。2017 年，FMG 探明储量中，Sub-total Chichester Hub 矿区原矿储量最高，为 0.92 亿 t（赤铁矿），含铁量 57%；Firetail 矿区含铁（量）储量最高，为 59.2%（赤铁矿）；North Star 矿区新增磁铁矿储量 0.705 亿 t（图 5-4）。

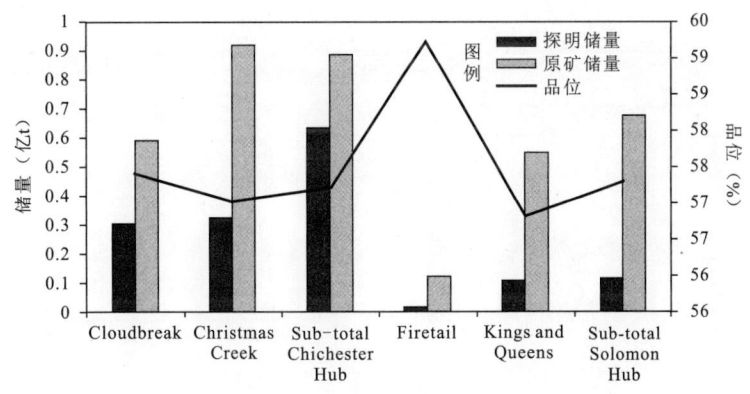

图 5-4　2017 年 FMG 主要矿山含铁量储量与品位（赤铁矿）

（数据来源：FMG 公司年报，2017）

二、成本优势显著

铁矿石矿商生产成本主要包括矿石开采、运至码头、海运费、矿权费、一般管理费用、利息、设备维护、摊销和折旧。根据国际通用的财务习惯，我们将铁矿石矿商生产成本分为以下 3 类（表 5-1）。

表5-1 铁矿石矿商生产成本分类

成本分类	含义
开采成本(C1 cost)	矿石开采到运至码头成本
现金成本(cash cost)	C1 cost＋海运费＋矿权费＋一般管理费用
完全成本(all cost)	cash cost＋利息＋设备维护＋摊销＋折旧

采用矿山通用的成本指标和计算方法,梳理了四大矿商铁矿石板块的成本构成,通过对比不同维度的成本指标,四大矿商从开采成本或者完全成本而言,都具有绝对优势。

1. 开采成本(C1 cost)

四大矿商采用降本增效方式应对铁矿石价格下跌。2014—2016年,四大矿商开采成本保持持续下降态势。2016年,四大矿商的开采成本(C1 cost)基本稳定在13～15美元/t(图5-5)。

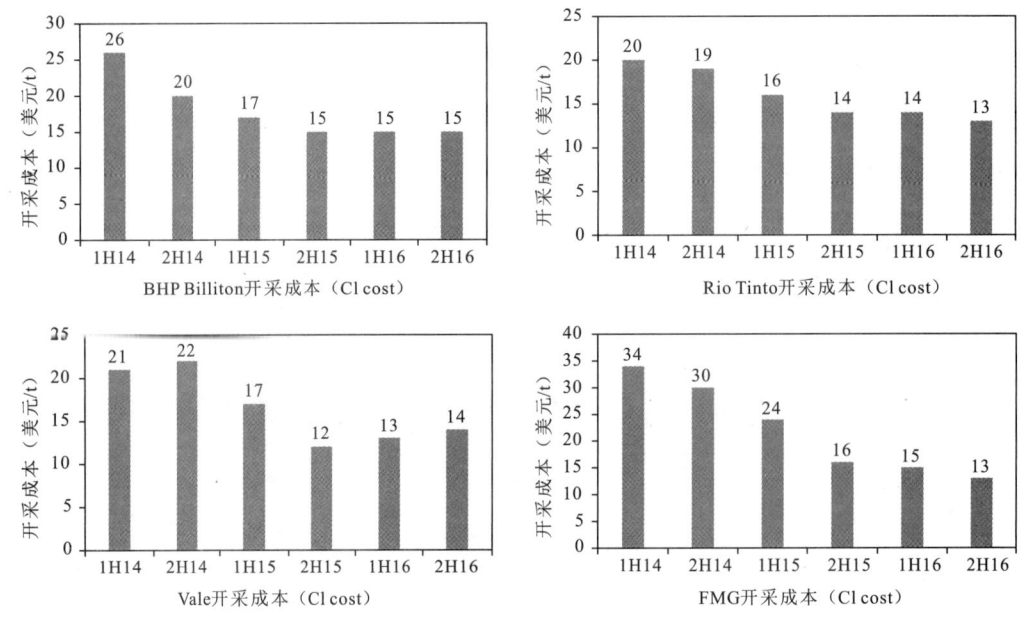

图5-5 2014—2016年四大矿商开采成本

(数据来源:公司年报)

四大矿商之一的FMG成本下降显著。FMG通过对矿山重新规划和设计、采用新的挖掘技术和设备,提高了劳动生产率,开采成本不断降低。2017财年,FMG开采成本13美元/湿吨[①],同比下降17%,其中第四季度的开采成本已降至12.16美元/湿吨(图5-6)。

---

① 湿吨,也叫自然吨,指不扣除水份的货物质量。

第五章 全球主要矿商竞争优势

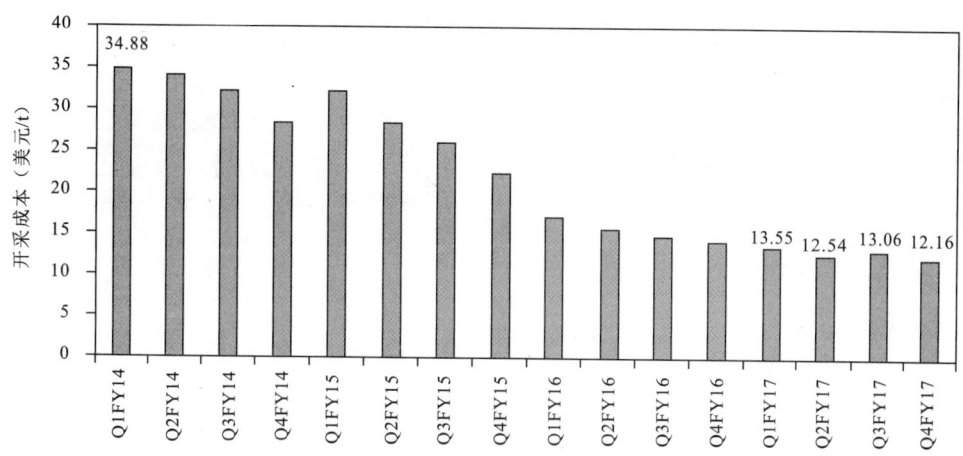

注：Q1FY14 指 2014 财年第 1 季度；Q2FY14 指 2014 财年第 2 季度；以此类推。

图 5-6 2014—2017 财年 FMG 开采成本

（数据来源：公司年报）

生产成本的下降及相关费用支出的削减，四大矿商的经营业绩都有所改善。2016 财年，力拓铁矿石营业收入 146.05 亿美元，息税折旧前盈利[1]（EBITDA）85.26 亿美元，占到整个力拓集团营业收入的 60% 左右；2017 财年，FMG 公司税后净利润 21 亿美元，EBITDA 47.44 亿美元，同比增长 46.44%[2]。

2. 现金成本（cash cost）

2013 年，铁矿石价格开始下跌，四大矿商均没有因为铁矿石价格下跌而减产，反而通过继续扩产来压缩成本。四大矿商通过优化矿井计划和采用 OPF 装置、提高劳动生产率和利用率、降低劳动力成本、降低能源成本和灵活外汇政策及其他有效的采购和库存管理措施，积极推动了成本的降低，抵消了价格下跌的影响。2016 年，四大矿商现金成本相应地得到了降低，现金成本控制为 21~27 美元/t（图 5-7）。

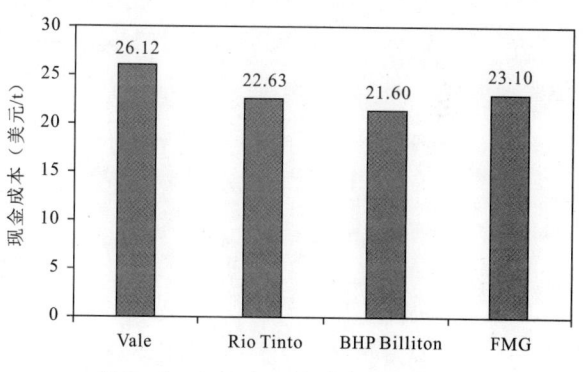

图 5-7 2016 年四大矿商现金成本

（数据来源：公司年报、J. P. Morgan）

---

[1]息税折旧前盈利，earnings before interest, taxes, depreciation and amortization，即未计利息、税项、折旧及摊销前的利润简称 EBITDA。
[2]数据来源为公司年报。

目前,全球铁矿石海上运输量已超过9亿t,占主要干散货总海运量的40%以上。在铁矿石到岸价格构成中,海运费是海运贸易中的主要成本。海运费对铁矿石价格的影响逐渐变小,2008年以前,海运费用占铁矿石价格的50%左右。目前由于全球海运市场日渐成熟,运力不足导致价格飙升的情况减少,海运费占铁矿石价格的比例逐步减少(图5-8)。

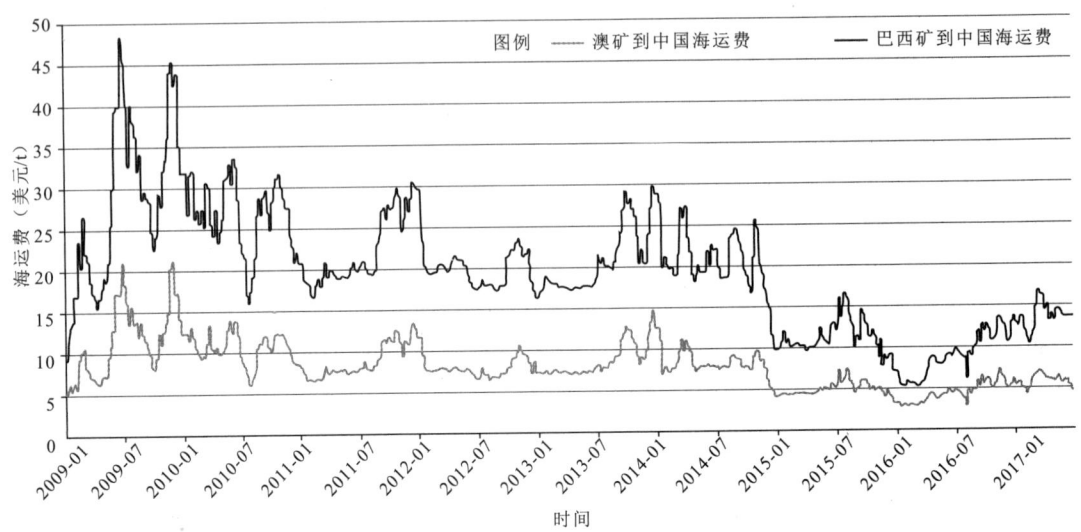

图5-8 2009—2017年澳矿和巴西矿到中国海运费

(数据来源:J. P. Morgan)

从海运路线看,澳矿运至中国的海运通常从西澳港口出发到中国青岛港,海运距离大约3600 n mile(1 n mile=1.852km),时间15d左右,巴西矿一般从图巴朗发往中国青岛港,海运距离大约11 000 n mile,时间40d左右,其运费是澳矿到中国的两倍左右(图5-9)。

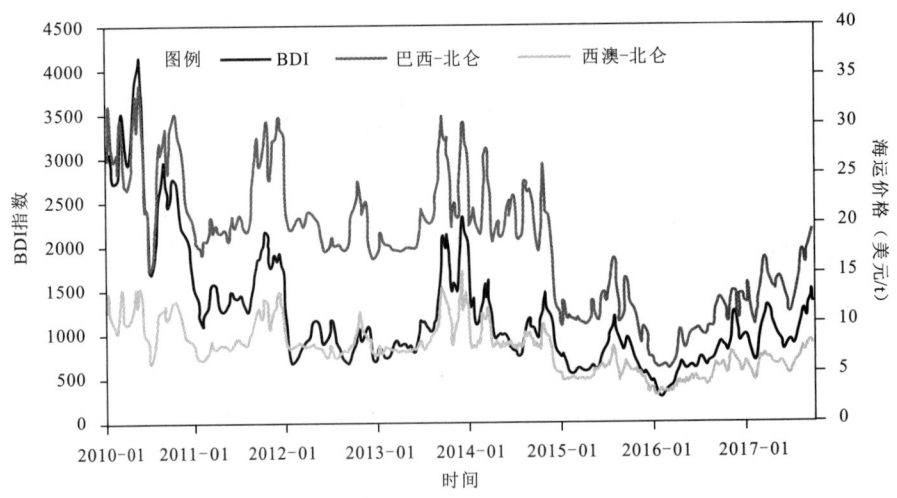

图5-9 2010—2017年全球海运市场

(数据来源:西本西干线)

3. 完全成本(all cost)

2016年,四大矿商完全成本均在40美元/t以下,四大矿商之间的完全成本有一定差距。2016年,必和必拓完全成本28美元/t,力拓31美元/t,淡水河谷34.5美元/t、FMG 35.5美元/t。

(1)必和必拓因其较低的折旧、利息支出和资本支出,完全成本最低,为28美元/t;

(2)力拓因其品位最高,平均品位62.05%,按照62%品位进行折算,完全成本约为31美元/t;

(3)FMG由于之前采取了激进的扩张计划,现仍有较大的债务压力,利息支出费用较高,加之设备机械的折旧摊销较高,使得完全成本最高,约为35.5美元/t;

(4)淡水河谷对铁矿石业务依赖度持续抬升,虽然其资源税最低,但是由于海运费差价使得完全成本上升至34.5美元/t。淡水河谷将60%以上的资本支出投向铁矿石业务领域,增加产量、降低成本,促使淡水河谷与必和必拓、力拓的差距进一步缩小(图5-10)。

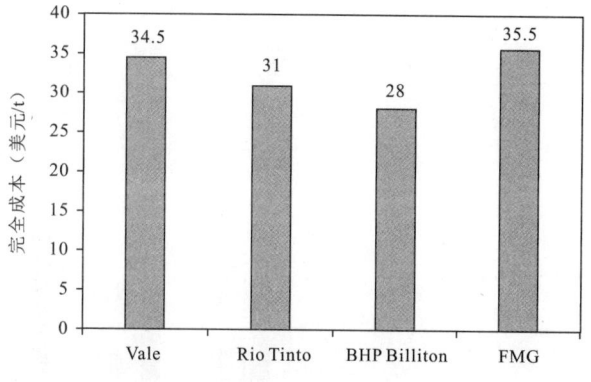

图5-10 四大矿商2016财年完全成本

(数据来源:公司年报、公开资料、中债资信)

三、市场寡头垄断

全球铁矿石行业呈现出以四大矿商为主的寡头垄断格局。2016年,淡水河谷、力拓、必和必拓和FMG铁矿石产量合计10.25亿t,占全球总产量的51.10%,其中淡水河谷3.49亿t、力拓2.81亿t、必和必拓2.26亿t,FMG1.69亿t。四大矿商品位高,矿石产量折合为含铁元素产量比例要高于50%(图5-11)。

全球铁矿石增量主要来自于四大矿商。2015年,由于铁矿石价格大跌,全球铁矿石总产量下降,但同期四大矿商铁矿石产量增加1.02亿t。

2016年,淡水河谷铁矿石总产量3.49亿t,与2014年相比增加了0.9%。淡水河谷传统矿区产量下降,新建矿山产量增长,位于巴西北部帕拉州的卡拉加斯矿区2016年产量达到了创纪录的1.48亿t,同比增长14.3%(图5-12)。

2017财年,FMG采矿量1.98亿t,加工量1.72亿t,实际运输量1.71亿t,其中最大矿区Solomon Hub产能7000万~7500万t/年。2013财年,FMG铁矿石运输量0.81亿t,近5年铁矿石运量保持上升状态,年均增长0.18亿t(图5-13)。

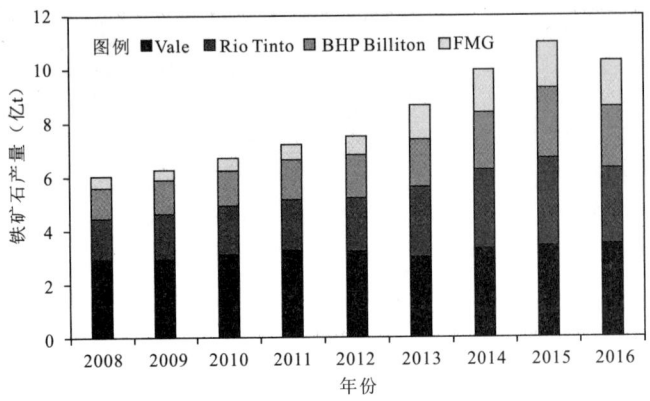

图 5-11 2008—2016 年四大矿商铁矿石产量

（数据来源：公司年报）

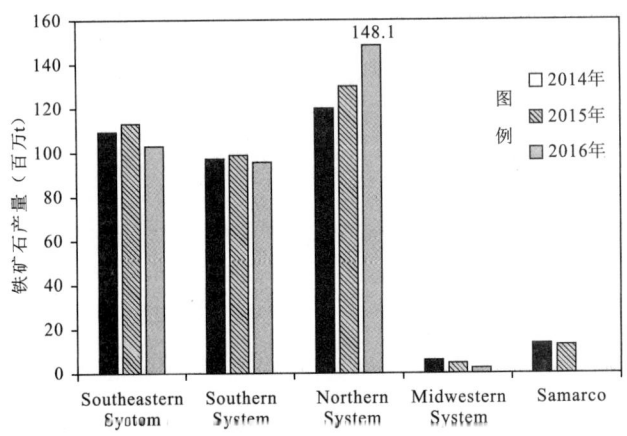

图 5-12 2016 年巴西淡水河谷铁矿石产量（矿区）

（数据来源：公司年报）

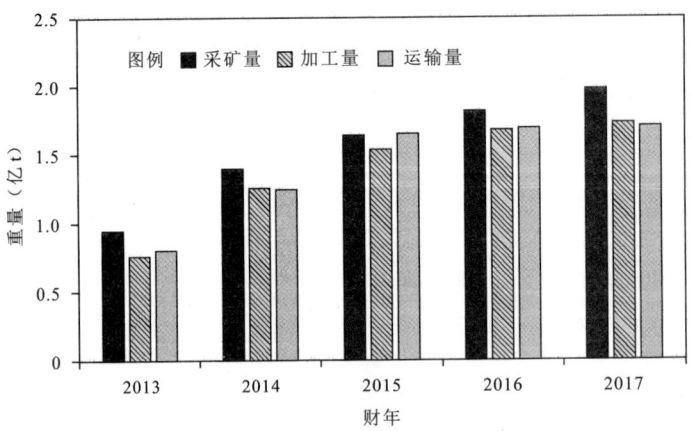

图 5-13 2013—2017 财年 FMG 生产情况

（数据来源：公司年报）

第二节 国内矿山储量较大,品位较低,成本高

国内外矿山成本的差异主要在于矿石品位、采矿成本和选矿成本。国内矿山多数面临着露天矿转地下矿等问题,需要进一步增加固定资产投入;同时由于国内多贫矿,为使品位达到入炉条件,选矿流程的增加直接导致成本的增加;四大矿商的矿多为高品位的露天矿,开采成本低,部分块矿可直接入炉。

一、储量较大,品位低,分布较集中

2011—2016年,中国铁矿石探明储量不断增加。2016年,铁矿石储量达210亿t,同比增加1.16%。中国铁矿石储量丰富,但品位较低,平均品位31.3%,远低于全球45.29%的平均品位(图5-14)。

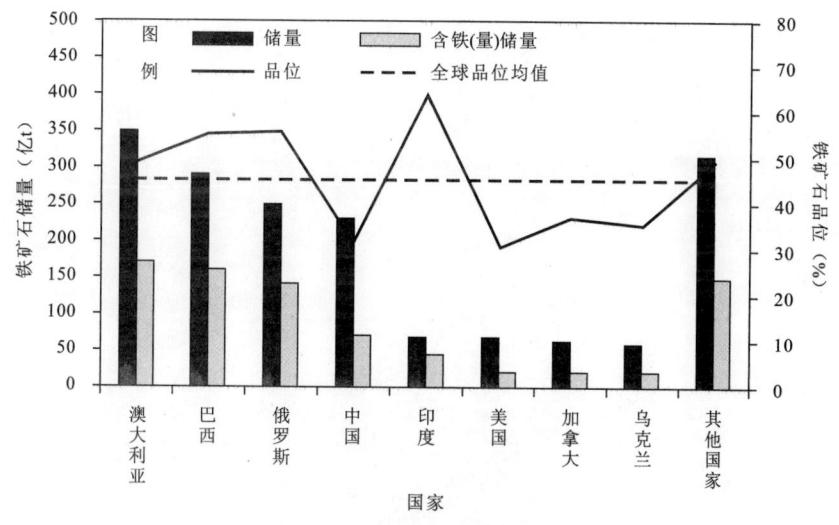

图5-14 全球铁矿石储量和品位

[数据来源:世界钢铁统计数据2015(USGS)]

我国铁矿石分布较广,主要集中在辽宁、河北、四川和内蒙古自治区4个地区的储量占全国总储量的62.48%。2015年,辽宁储量51.6亿t,占比24.86%;河北储量27.3亿t,占比13.15%;四川储量25.6亿t,占比12.33%;内蒙古自治区储量25.2亿t,占比12.14%(图5-15)。

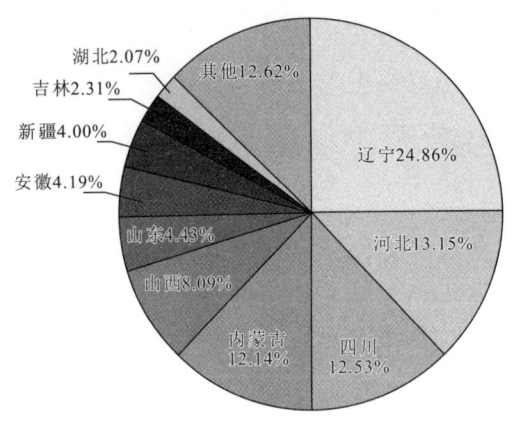

图 5-15　2015 年中国铁矿石储量分布

（数据来源：国家统计局）

二、成本偏高，产量逐步下降

中国国内铁矿多为贫矿，平均品位 31.3%，采选成本大。根据中国冶金矿山协会估算，国内铁矿山企业生产完全成本低于 100 美元/t 占 65%（80～100 美元/t 占 20%），100～120 美元/t 占 15%，高于 120 美元/t 占 20%。中国 50% 的铁矿山完全生产成本在 80 美元/t 以上，与国外主流矿山差距明显（图 5-16）。

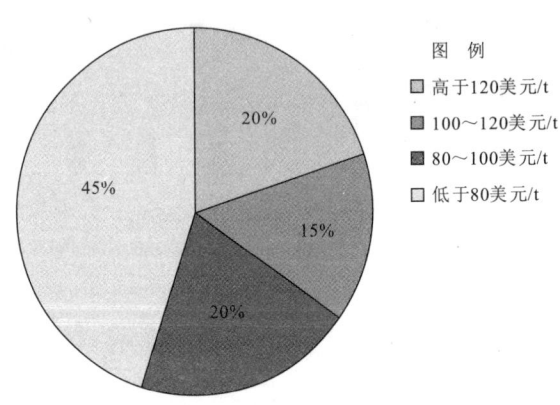

图 5-16　2015 年国内矿山完全成本

（数据来源：中国冶金矿山协会）

2015 年以来，中国铁矿石产量逐渐下降。2016 年，中国铁矿石原矿产量 12.81 亿 t，同比下降 7.27%。但受限于中国铁矿石原矿品位较低，实际含铁量远低于海外矿山（图 5-17）。

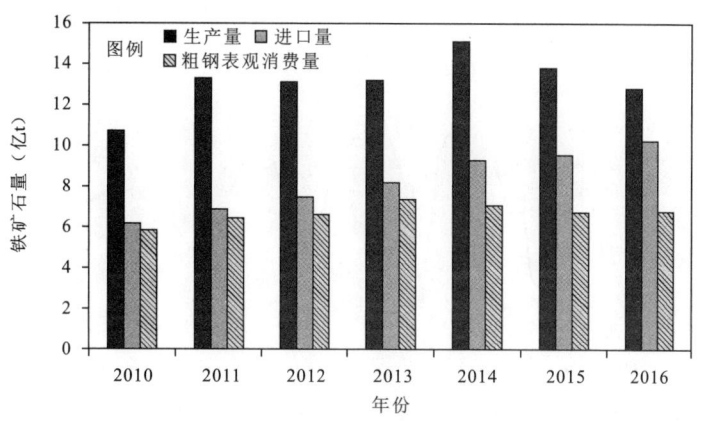

图 5-17 2010—2016 年中国铁矿石基本数据

(数据来源:WSA、UN Comtrade)

国内铁矿石主产区主要集中在河北、四川、辽宁和内蒙古自治区。2016 年,4 个地区的铁矿石原矿产量分别为 5.22 亿 t、2.04 亿 t、0.97 亿 t 和 0.77 亿 t,合计占比高达 70.31%(图 5-18)。

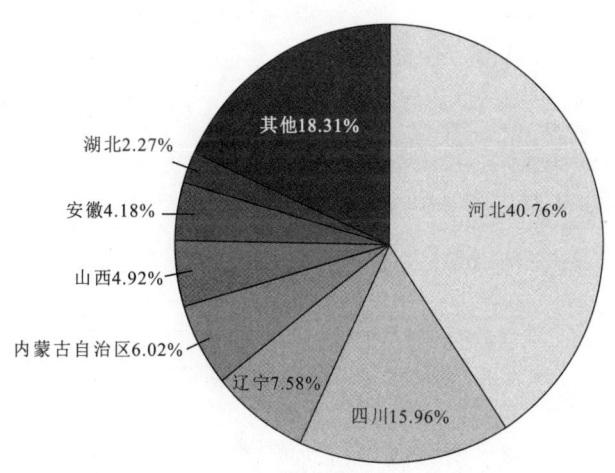

图 5-18 2016 年中国铁矿石产量地区分布

(数据来源:国家统计局)

2016 年国外矿山资源供给量有所减少,而国内的供给更加趋紧。供给侧改革 5 年去除粗钢产能 1 亿~1.5 亿 t,相当于每年国内需求减少 2000 万~3000 万 t(图 5-19)。

2011 年以来,品位为 62% 的铁矿石价格从接近 190 美元/t 一路下滑到 2015 年的 40 美元/t 左右,这对包括中国在内的高成本矿商造成了巨大压力。由于国内矿价格高于进口矿,造成部分国内矿山产能没有得到充分的利用,产能利用率低下。2017 年 4 月,产能利用率达到最高点 68.9%,远低于 2014 年 9 月的 75.4%(图 5-20)。

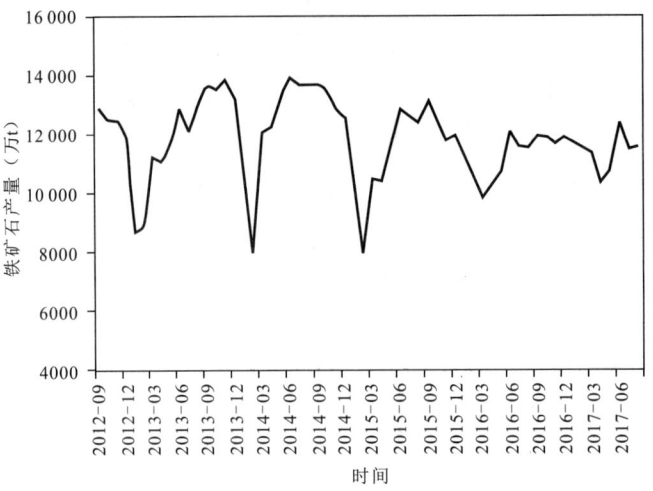

图 5-19 2012—2017年国内铁矿石产量(月度)

(数据来源:钢联数据)

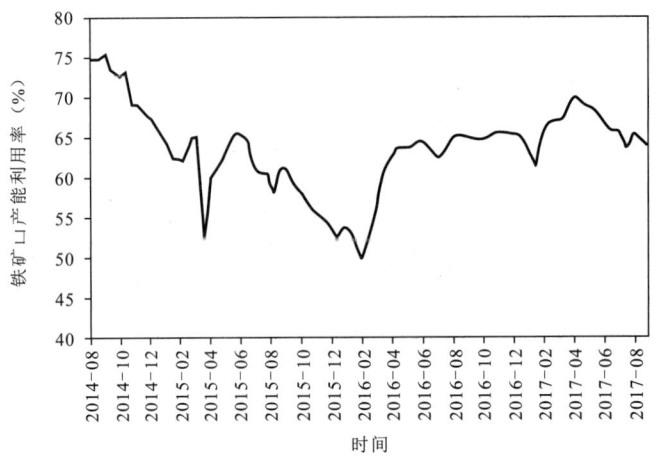

图 5-20 2014—2017年中国主要铁矿山产能利用率

(数据来源:钢联资讯)

三、钢企集中度低,盈利甚微

当前全球钢铁业处于全面过剩状态,2016年中国粗钢产量8.08亿t,占全球粗钢产量的50.22%。中国钢企数量庞大但集中度低,2016年,中国500家钢铁企业中产量超过500万t的有35家,排名前10名钢企的产量仅占全国总产量的35.28%(表5-2)。

表 5-2　2016年中国前10名的钢企粗钢产量

序号	公司名称	粗钢产量（万 t）	序号	公司名称	粗钢产量（万 t）
1	宝武钢铁集团	6 380.55	6	山东钢铁集团	2 301.72
2	河钢集团	4 491.89	7	马钢集团	1 862.89
3	江苏沙钢集团	3 325.17	8	北京建龙重工集团	1 645.37
4	鞍钢集团	3 319.36	9	湖南华菱钢铁集团	1 548.25
5	首钢集团	2 679.66	10	本钢集团	1 440.16

注：宝武集团的数据为宝钢和武钢合并后的数据，后同。

近年来，我国铁矿石对外依存度不断攀升，特别是铁矿石价格进入下滑通道以来，进口矿竞争优势明显，国内钢厂更多使用进口矿，导致一大批高成本矿山停产或关闭，对外依存度呈现加剧攀升趋势。2016年，我国铁矿石对外依存度为77.91%①，较2015年提高6.4%（图5-21）。

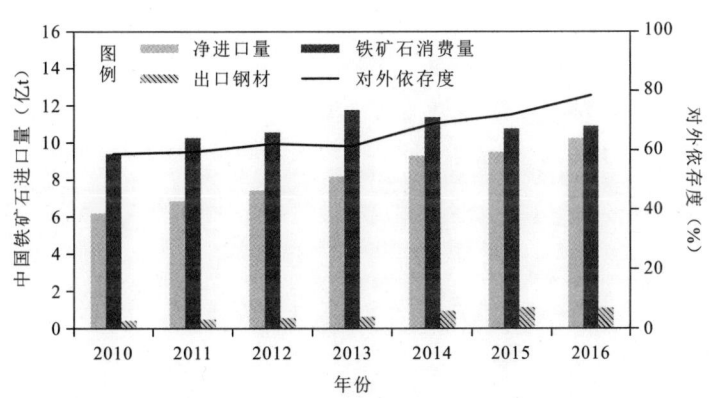

图 5-21　2010—2016年中国铁矿石对外依存度

（数据来源：钢联资讯）

2016年，四大矿商（必和必拓除外，主要是因为大幅减记资产；包括对美国陆上油气减记及巴西萨马科铁矿溃坝事故减记）的盈利水平远远超过了全球主要钢企盈利水平。2016年，四大矿商中盈利最低的FMG，其净利润也达到了近140亿元，超过了全球第一大钢企安赛乐米塔尔123.6亿元的净利润，铁矿石销售收入占到四大矿商总收入的35%以上（表5-3）。

---

① 为了更加客观地界定我国经济发展对铁矿石的真正需求，本书将对外依存度定义为：（铁矿石净进口量－出口钢材折算量）/铁矿石消费量。

表 5-3　2016 年全球主要钢企和四大矿商盈利水平

主要钢铁企业	粗钢产量(万 t)	2016 年盈利(亿元)	四大矿商企业	2016 年盈利(亿元)	铁矿石销售收入占比(%)
安赛乐米塔尔	9080	123.6（18 亿美元）	淡水河谷	264.50（39.82 亿美元）	53.75
浦项钢铁集团	4221	107.1（1.79 万亿韩元）	力拓	306.67（46.17 亿美元）	41.33
宝武集团	6380	70.2	必和必拓	－425.11（－64 亿美元）	34.09
沙钢集团	3325	50.5	FMG	139.50（21 亿美元）	近 100
现代钢铁	2043	48.6（8104 亿韩元）			

注：2016 年美元平均汇率中间价为 1 美元＝6.642 3 元人民币。

（数据来源：公司年报）

第六章　铁矿石市场未来展望及政策建议

- 钢材长期需求增长乏力。
- 钢铁贸易摩擦不断增加。
- 四大矿商垄断地位强化。
- 成本持续下降,品位价差趋小。
- 未来两三年的铁矿石价格为 50~70 美元/t。

全球铁矿石市场供过于求的格局依旧,市场环境为我国争取铁矿石定价权提供了绝佳的机会,供求双方均有动力达成稳定供货协议。

第一节　钢材长期需求增长乏力

全球钢材市场正在温和复苏,但全球钢铁产业结构性失衡问题仍然很严重。目前全球铁矿石需求快速上升的阶段已随着中国需求见顶而结束,国际铁矿石供需格局已进入新的发展阶段,短期内供应过剩的现象难以改变。长期走势一方面取决于中国需求的下滑幅度,另一方面取决于印度等新兴工业化国家的需求能否成为新的增长点。

人口和经济增长是影响全球钢需求的核心要素,根据中国地质科学院全球矿产资源战略研究中心分析研究:2030 年,全球钢需求总量将达到 23.13 亿 t,与 2013 年相比增加了 40.6%,年均增率达 1.4%,长期需求增产乏力,增速将放缓(表 6-1)。

表 6-1　全球粗钢需求预测

国家类别	粗钢需求总量(亿 t)				
	2013 年	2015 年	2020 年	2025 年	2030 年
发达国家	4.14	4.25	4.30	4.26	4.23
转型国家	1.28	1.30	1.31	1.30	1.28

续表 6-1

国家类别	粗钢需求总量（亿 t）				
	2013 年	2015 年	2020 年	2025 年	2030 年
新型工业化国家	9.23	9.96	10.43	10.44	10.13
刚刚步入工业化国家	1.61	1.83	2.71	4.47	6.88
前工业化国家	0.19	0.20	0.29	0.42	0.62
全球合计	16.45	17.54	19.04	20.89	23.14

（数据来源：中国地质科学院全球矿产资源战略研究中心）

随着经济结构趋于成熟和合理，中国需求增速将显著放缓甚至停滞，但由于人口和钢消费基数大，在一定时期内铁矿石的需求仍将维持在较高水平。2016 年，中国铁矿石需求占全球铁矿石需求的 58%。作为铁矿石的最终产品的粗钢，主要需求端是基础设施、机械制造和非居民建筑等行业，占比分别为 29%、20% 和 16%（图 6-1）。

印度由于当前的政治体制、民族宗教、经济发展模式、资源禀赋和国际经济环境等因素的影响，需求将提速，但不确定因素仍然存在，预计 2030 年印度粗钢消费量 2.4 亿 t，其粗钢消费的增量将难以填补中国消费的减量（图 6-2）。

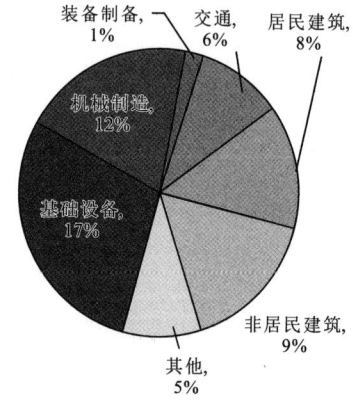

图 6-1 2016 年全球铁矿石需求结构

（数据来源：J. P. Morgan）

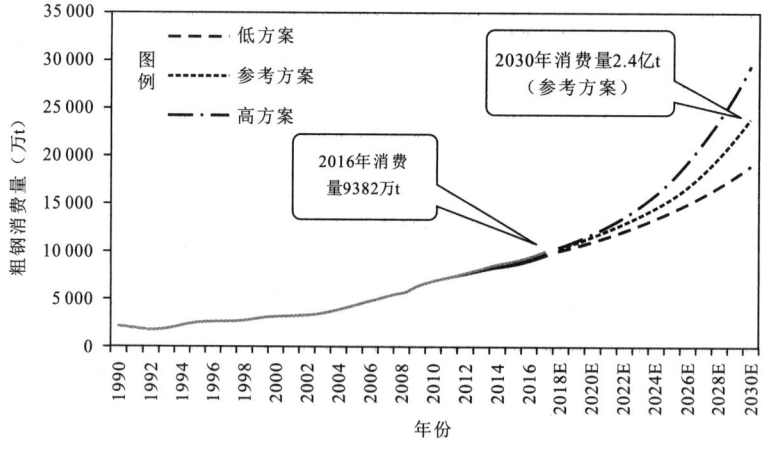

图 6-2 印度粗钢消费量预测

（数据来源：中国地质科学调查院全球矿产资源战略研究中心）

第二节 钢铁贸易摩擦不断增加

全球消费增长乏力,全球粗钢持续处于钢铁产能过剩状态,2016年,全球钢材贸易量自2009年以来首次萎缩。2009—2015年,世界钢材贸易年均增长率6.3%,全球钢材出口量从2015年的3.17亿t降至2016年的3.13亿t,降幅为1.1%。2017全球粗钢产能利用率仅为70%左右(图6-3)。

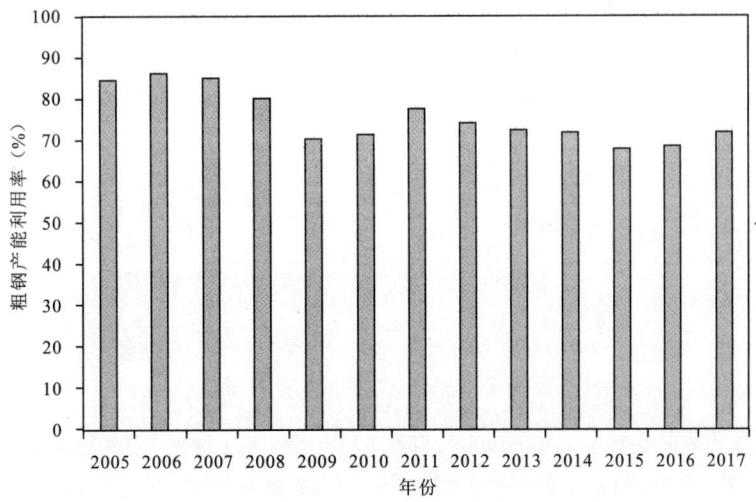

图6-3 2005—2017年全球粗钢产能利用率

[数据来源:经济合作与发展组织(Organization for Economic Co-operation and Development,OECD)钢铁委员会]

全球粗钢产能的过剩,导致不公平贸易和贸易摩擦时常出现,全球钢材市场继续处于贸易紧张局势。根据商务部中国贸易救济信息案件数据库统计显示,2016年各国(地区)发起的涉华贸易救济案件共114起,比2015年增加9起;其中涉及钢铁行业52起,比2015年增加15起,占比达到50%。从贸易救济案件类型来看,仍以反倾销为主。在52起贸易救济调查案件中,反倾销案件数达到34起,占比为64%,反补贴和保障措施分别为11起和8起(图6-4)。

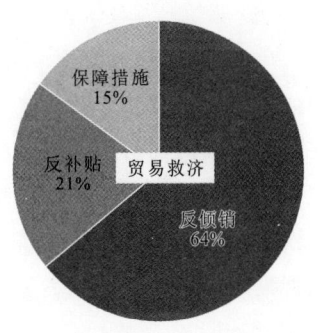

图6-4 2016年钢铁行业贸易救济案件类型
(数据来源:商务部贸易救济信息案件数据库)

从发起国家或地区来看,52起案件由21个国家或地区发起,以发展中经济体国家(地区)为主,其中35起贸易摩擦案件由16个发展中经济体国家(地区)发起,其余17起案件由5个发达经济体(美国、欧盟、加拿大、新西兰和澳大利亚)发起。而且发展中经济体和发达经济体发起贸易救济措施的类型明显不同,发达经济体更偏向采用反补贴措施,11起中有8起均由发达经济体国家发起调查,美国和加拿大分别发起3起和2起反补贴案件,澳大利亚、欧盟和新西兰各1起;而发展中经济体更偏向反倾销和保障措施,8起保障措施案件均由发展中经济体发起,34起反倾销案件中仅10起由发达经济体国家发起(图6-5)。

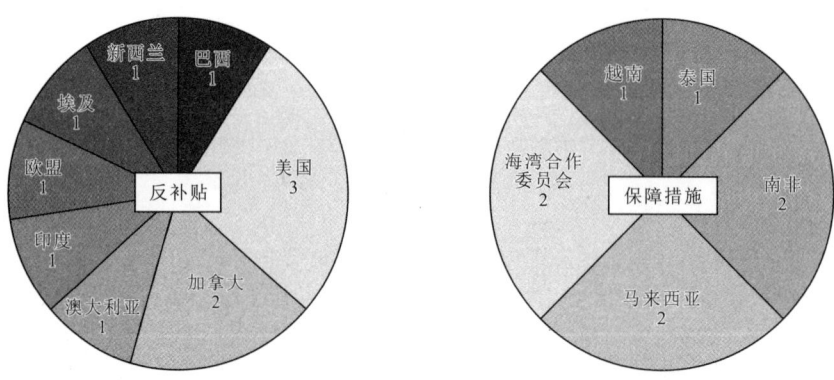

图6-5 反补贴和保障措施发起经济体分布情况(单位:起)
(数据来源:商务部贸易救济信息案件数据库、中国联合钢铁网)

在反全球化和逆全球化的背景下,2017年2月22日,世界贸易组织(WTO)《贸易便利化协定》(Trade Facilitation Agreement,TFA)正式生效,为低迷的全球经济注入了强心剂。随着批准TFA协议成员方的逐步增加,WTO希望通过实施TFA来推动贸易增长。

第三节 四大矿商垄断地位强化

未来两三年,全球铁矿石贸易依旧呈现澳大利亚、巴西、印度等国家向中国、日本、欧盟等国家和地区输送的格局。供应方面,四大矿商将是未来产能扩张的主力,对全球铁矿石市场的垄断程度将大幅提升。

2013年起,铁矿石价格进入下降通道,但各大矿山仍然投入大量资本支出进行产能扩张。由于铁矿石项目从投资到产能投放至少需要两年以上时间,因此2016—2018年将是新产能投放密集期,2017年全球主要矿山产能同比2016年增加6100万t,2018年同比增加8100万t(图6-6)。

2018财年,FMG将投入1.9亿美元用于矿船建设,其中85%将在船只交付时融资支付,新投入项目开发费用6800万美元,勘探费用5000万美元,拖船及相关基础设施9000万美元。由此可见,未来FMG公司的发展重点仍将放在铁矿石项目上。

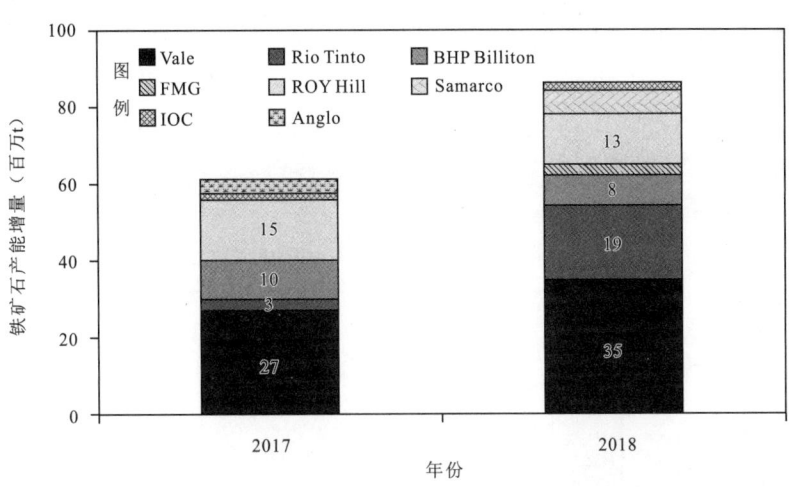

图6-6　2017—2018年主要矿山铁矿石产能增量(同比)

(数据来源:J. P. Morgan、公司年报)

2015年12月中旬,淡水河谷启动了位于帕拉州的S11D项目,总投资达到143亿美元,预计4年后最高年产能将达到7500万t。S11D项目将生产最优质的矿石,且成本业内最低,预计可开采30年。目前开发的仅为S11矿的"D"部分,A、B、C尚未开发。该矿资源量100亿t,仅C、D片区就有42亿t铁矿石。

通过整理四大矿商在建和计划新增产能,若四大矿商扩产计划顺利完成,预计2017年产能将较上年增加0.40亿t,到2020年铁矿石产能有望提升至12.40亿t,较2016年增加1.19亿t(图6-7)。

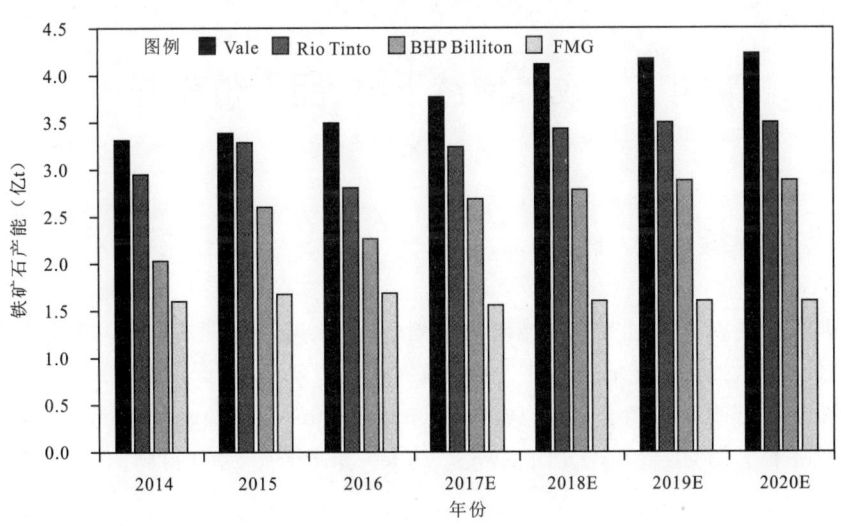

注:E表示预测。

图6-7　2014—2020年四大矿商铁矿石产能

(数据来源:公司年报)

从全球角度来看,由于全球产能增量主要来自于四大矿商,基于现有的四大矿商铁矿石产能(10.25亿t)、除四大矿商外全球铁矿石产量(9.81亿t)和四大矿商产能增量,预测2020年铁矿石保守供给量约21.83亿t。由于四大矿商平均产能利用率为90%左右,考虑到其他高成本矿山普遍存在开工率不足情况,全球实际铁矿石产能将远高于其产量数据,未来铁矿石潜在供给量约19.65亿t(图6-8)。

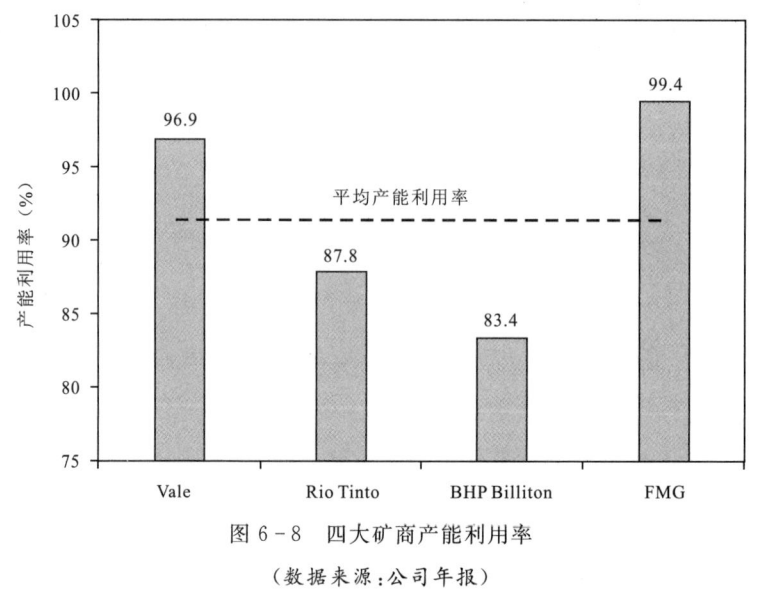

图6-8 四大矿商产能利用率

(数据来源:公司年报)

第四节 成本持续下降,品位价差趋小

一、成本持续降低

未来四大矿商将会通过实施智能矿山计划(智能铁路和智能卡车等),采用智能生产方式,降低杂质含量,提高铁矿石剥离率[1]等措施提高生产效率,降低成本。

自2012年FMG大型自动运输系统(autonomous haulage system,AHS)应用于Solomon Hub[2]起,2016年AHS向Kings Valley和Firetail矿山推广,2018财年将会在

---

[1] 每开采一单位有用矿物需剥离的废石量,目前FMG的剥离率为1.0,即开采1t铁矿石剥离1t废石。
[2] 所罗门中心,为FMG公司的铁矿生产中心之一,包括"国王"(Kings)和"火尾"(Firetail)两座在产矿。

Chichester Hub① 实行改造,综合运营中心(IOC)、浮动式传输机等已经或正在运行。FMG 预计 2018 财年现金成本将为 11~12 美元/t。淡水河谷 S11D 铁矿项目的投产,将扩大其成本优势,通过无轨运行和干燥处理减少资本支出,预计开采成本将为 7.7 美元/t(图 6-9)。2017 年前三季度,淡水河谷生产铁矿石粉矿的 C1 现金成本(FOB,未含特许权益金)为 14.5 美元/t,较二季度的 15.2 美元/t 小幅下降 0.7 美元/t。

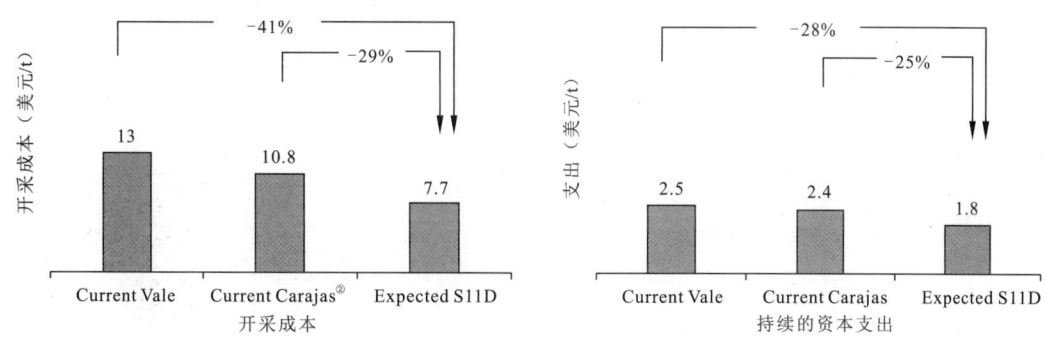

图 6-9　巴西淡水河谷开采成本和资本支出

(数据来源:公司年报)

2017 年,铁矿石完全成本仍将持续减少。力拓、必和必拓、FMG 及淡水河谷等铁矿石巨头仍然在成本曲线的最底端,这些铁矿企业在铁矿石价格降至 40 美元/t 时,仍然具备较强的盈利能力。而在海运费方面,大型矿砂船的投入使用将使淡水河谷的海运费价格大幅降低,其到岸成本也会进一步下降,成本曲线将进一步变得"扁平"。

二、品位价差减少

高低品位矿获利差距的减少,高品位矿高价格局逐步转变。2018 年高品位矿石增量主要由淡水河谷的 S11D(66%品位)铁矿项目提供,未来高品位矿供给增速高于低品位矿供给增速。截至 2016 年底,钢厂使用 62%品位矿与 59%品位矿能获得 6.2%利润溢价率;基于现货价格分析,未来 65%品位矿比 62%品位矿的利润溢价率仅为 1.8%,高低品位铁矿石的收益率差距缩小,钢厂使用高品位矿的需求将不再旺盛(表 6-2)。

---

①奇切斯特中心,FMG 公司的铁矿生产中心之一,包括"圣诞湾"和"断云"两座铁矿,现已成全球最大的铁矿生产中心之一。
②卡拉加斯,属于淡水河谷(Vale)的铁矿山综合体,为全球第二大铁矿生产中心,其铁矿储量品位约 66%,也被认为是全球品位最高的铁矿中心,由卡拉加斯 N4E、N4W 和 N5 三座露天矿山组成。

表 6-2 不同品位铁矿石价差变化(吨钢)

	截至 2016 年 11—12 月				基于现货价格			
品位(%)	59.0	60.5	62.0	65.0	59.0	60.5	62.0	65.0
铁矿石用比	1.69	1.65	1.61	1.54	1.69	1.65	1.61	1.54
铁矿石价格(美元/t)	71	74	78	91	65	71	77	98
焦炭发热量(kcal/kg) (1kcal=4.184kJ)	400	370	345	295	400	370	345	298
煤炭用比	0.70	0.64	0.60	0.51	0.70	0.64	0.60	0.51
焦炭价格(美元/t)	240	240	240	240	175	175	175	175
成本(美元/t) 焦炭	167	154	144	123	122	113	105	90
成本(美元/t) 铁矿石	119	123	126	139	111	117	123	150
总成本(美元/t)	286	277	270	263	233	230	228	240
与 62% 品位矿比较	6.2%	2.7%		-2.7%	1.8%	0.7%		5.0%
中国 HRC 钢价格(美元/t)	540	540	540	540	500	500	500	500
调整后价格(美元/t)	254	266	276	289	267	273	277	271
与 62% 品位矿比较	-8.1%	-3.7%		4.8%	-3.6%	-1.6%		-2.2%

(数据来源:Wood Mackenzie,HSBC)

第五节 未来两三年铁矿石价格为 50~70 美元/t

只要铁矿石价格未跌破现金成本支撑位,四大矿商仍有扩产动机、联合成本较高,因此可以现金成本作为铁矿石的成本支撑位。

根据对未来铁矿石供需情况的分析,并考虑金融、库存、海运、实体经济等方面的因素,结合德意志银行、汇丰银行、巴克莱银行等金融机构的研究成果,在主要铁矿石生产商均衡价格的基础上,综合市场供需等因素,预计未来两三铁矿石价格为 50~70 美元/t (图 6-10)。

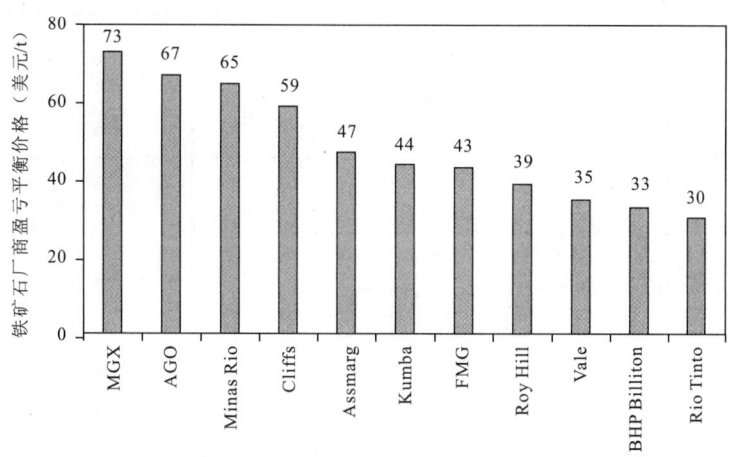

图 6-10　主要铁矿石厂商盈亏平衡价格

(数据来源：UBS)

第六节　中国的机遇与挑战并存

一、主流矿山发展战略转移

价格下跌对矿业公司业绩具有较大的影响，铁矿石价格每下跌 1 美元，税后利润将减少 1.4 亿美元。全球主要铁矿巨头发展战略纷纷向多元化转变。

必和必拓将战略重心向铜矿、铀矿投资转移。必和必拓认为亚洲尤其是中国中产阶级队伍的迅猛增长，将增加能源和诸如空调、电冰箱之类消费品的开支，而这些都需要大量的铜和铀。由以铁矿石为主转向铁矿石、铜、铀并重。Olympic Dam 是全世界储量最大的铀矿，也是全世界已知的最大铜矿、金矿之一，Olympic Dam 处于必和必拓战略的核心地位。必和必拓未来的发展战略是提高铜、铀产量，不再紧盯未来在全球市场面临供应过剩的铁矿石之类大宗商品。

全球最大的铁矿石生产商巴西淡水河谷，为保持资产负债表平衡，采取聚焦核心资产的发展战略，2016 年完成了向以工银国际为主导的联合体出售它所拥有并运营的 3 艘 40 万载重吨超大型矿砂船的交易，并曾尝试出售位于巴西的部分铁矿石资产。在不同的国际铁矿石价位下，为了实现公司 150 亿～170 亿美元的净债务目标，巴西淡水河谷可能需要进行部分资产处置，这对于国内企业而言是个良好的机遇(表 6-3)。

表 6-3 2017—2019 年淡水河谷资产处置计划

铁矿石价格 (美元/t)	资产处置计划(十亿美元)				
	2017 年	2018 年	2019 年	17.9	需剥离 20 亿美元资产
60	16.6	9.6	2.5		
55	17.9	12.6	7.1	19.5	需剥离 20 亿~40 亿美元资产
50	19.5	15.6	11.6		
45	21.2	19.3	16.7	21.2	需剥离 40 亿~60 亿美元资产

(数据来源:公司资料)

国内钢企已经做出了成功的尝试。湖南华菱集团在金融危机的低位,收购了澳大利亚FMG 17.34%的股权,成为 FMG 的第二大股东,并获得了最多 1000 万 t/年的铁矿石资源。这是中国钢铁行业唯一收购国外上市公司股权的案例。

二、产能退出机制不畅

目前全国各地都在积极开展清除中频炉、"地条钢"产能的活动,不合格产能的逐步清退使 2017 年上半年钢铁供应继续收缩。但随着不合格产能的清退完毕,2017 年下半年去产能工作将可能面临更大挑战:

第一,供给侧结构性改革的推进将不断推高钢铁价格,钢企盈利因此会持续改善。在此情形下,企业和地方政府主动去产能的动力羸弱。

第二,化解在产过剩产能涉及政府、银行、企业及职工多方面的利益协调与博弈,去产能之路将困难重重,供给收缩的速度和幅度存在不确定性。

三、废钢消费比逐步增加

钢材的累计使用量和产品生命周期的长短决定了废钢的数量,回收率取决于当地的回收业务。中国的废钢将越来越多地以旧产品、建筑物、基础设施和机械设备的形式回收,而炼钢和制造业的家庭和边角料废钢量将会下降。考虑到不同行业钢铁的典型生命周期,我们预计未来 10~20 年中国废钢回收率会逐步提高 4%~7%,中国建筑业增长放缓的预期可能会影响这些估计,延长现有钢铁基础设施的使用寿命,从而减少废钢的可用性(图 6-11)。

中国是全球最大的钢铁生产国和消费国,占全球钢铁消费量的 45% 左右。随着中国钢铁业的扩张,废钢消耗量年均增长 14%。2015 年,我国废钢消耗量约占全球总量的 27%,但炼钢综合废钢单耗为 104kg/t,与世界 400~450kg/t 的平均水平仍有较大的差距。随着废钢积蓄量和产生量的增加及环保、能耗、质量、安全、技术等法律法规和产业政策的要求,预计未来 10~20 年中国废钢消费量平稳上升，到 2030 年，废钢消费量约为 1.6 亿 t，废钢比达到 24% 左右[①]（图 6-12）。

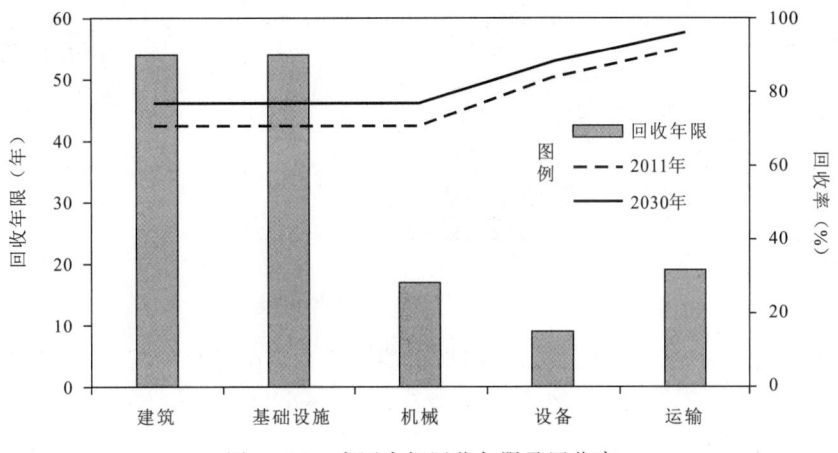

图 6-11 中国废钢回收年限及回收率

（数据来源：J.P.Morgan）

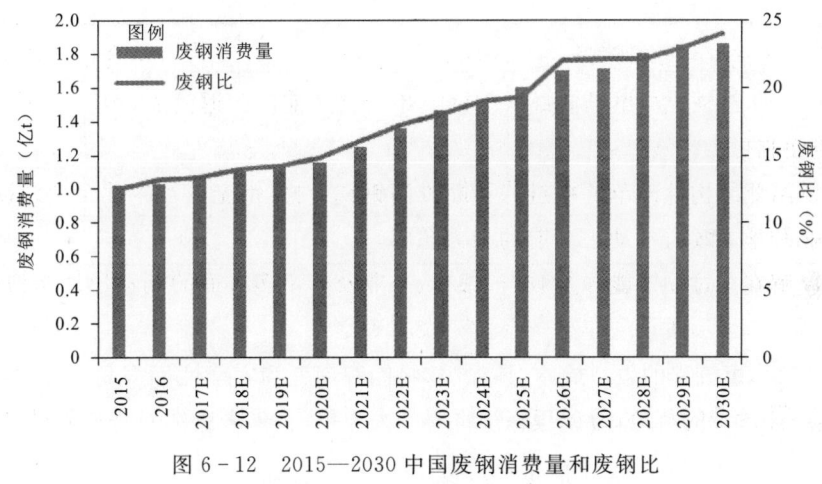

图 6-12 2015—2030 中国废钢消费量和废钢比

（数据来源：J.P.Morgan、中国钢铁工业协会）

2000 年以来，我国短流程粗钢产量远远低于长流程的，2015 年短流程炼钢产量仅为 4880 万 t，占比仅为 6.07%，比世界平均水平低 19.1%。2016 年，中国炼钢工艺以转炉炼钢流程为主，电炉炼钢仅占到 6% 的比重，同期世界其他国家和地区转炉炼钢流程和电炉炼钢流程比重分别为 56% 和 44%（图 6-13）。

---

① 《钢铁工业调整升级规划（2016—2020 年）》提出，到 2025 年，我国钢铁企业炼钢废钢比不低于 30%。

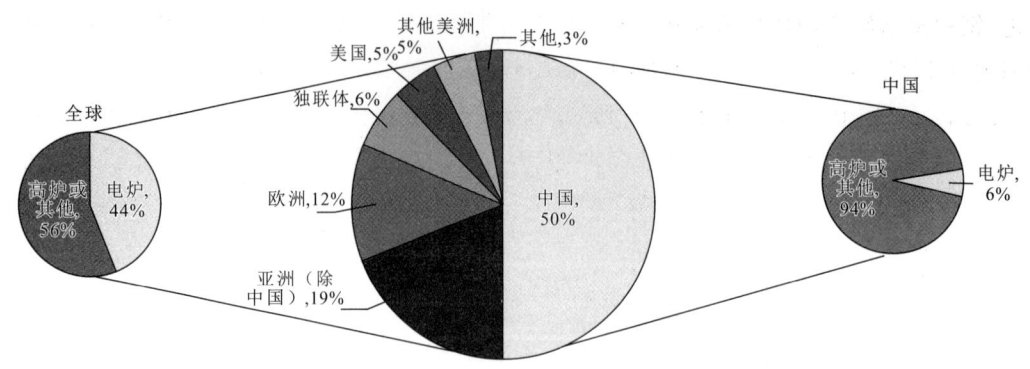

图 6-13 2016年全球及中国炼钢工艺

（数据来源：J. P. Morgan、Bloomberg）

同世界其他国家和地区比较，中国按照 BOF 工艺生产钢铁过程中，消耗的废钢为 0.13t，低于北美地区(0.175t)和欧洲地区(0.16t)。未来中国炼钢工艺将逐步从长流程向短流程转变，对于废钢的需求比例将有较大的提升(表 6-4)。

表 6-4 BOF 工艺①生产钢材所需原料配比②

原料	北美地区	欧洲地区	中国	越南
铁矿石(t)	1.3	1.5	1.5	1.7
焦炭(t)	0.6	0.5	0.4	0.42
废钢(t)	0.175	0.16	0.13	0.18
氮气等(MMBtu)	10	8	10	10

（数据来源：Bloomberg）

相较长流程，短流程的生产成本、环保、物料能源消耗和安全性等多角度优势明显；且随着国家钢铁产业政策的落地，短流程炼钢将得到大力推广，未来废钢对铁矿石的替代效应或将逐步增强。

四、国产矿复产困难

随着经济发展引擎由传统转为新兴及经济增长动能由固定资产投资拉动转为扩大内需拉动，工业化进程将从高速发展向平稳发展过渡。单位 GDP 钢材消费强度将下降，钢铁需求或已见顶，粗钢产量减少，进而带动铁矿石需求走低。

---

① BOF 工艺(氧气顶吹熔融还原炼铁工艺)：以还原煤作为主要的能源，将混合好的铁矿石、煤粉和熔剂直接由皮带机输送到加料仓内，富氧空气和氮气在不同的压力下由浸入到熔池的水冷喷枪喷吹到炉内，在高温状态下，生产出液态铁水。
② 配比指每炼 1t 钢所需的原材料。

随着中国经济结构性减速,钢铁行业供给过剩的局面日益严峻;供给侧结构性改革持续推进,钢铁供给端结构性收缩为确定性事件。叠加钢铁行业转型升级强调"提质增量",短流程炼钢占比将提升,废钢对铁矿石的替代效应增强,导致铁矿石需求降低。

总的来看,铁矿石供过于求的局面将进一步恶化,矿价存在下行压力。风险包括中国宏观经济下行压力,四大矿商联合减产保价,国产矿复产困难重重、复产进度低于预期等。

第七节　政策建议

一、深化钢铁供给侧结构性改革,维护市场平稳运行

钢铁企业应在政府的督促和指导下,按照"去产能、控产量、降成本、防风险、增效益"的要求,合理安排生产,调整生产节奏,适度释放产能,合理控制库存。综合运用市场化、法治化手段,统筹处理好去产能与稳定供应、优化结构、转型升级的关系,科学精准、有序有效地去产能。组织开展钢铁行业落后产能的专项督查和清理,并对任务完成情况严格验收,加强事中事后监管,保证钢铁企业改革政策顺利贯彻落实。

在金融政策上,加大对兼并重组钢铁企业的金融支持力度、严控违规新增钢铁产能的信贷投放,支持金融资产管理公司、地方资产管理公司等多类型实施机构对钢铁企业开展市场化债转股。

二、签订海外长期采购协议,稳定铁矿石价格

支持钢铁企业与主流矿商进行战略合作,通过政策、金融等手段与海外铁矿石供应商签订长期采购协议,保障我国铁矿石海外资源供应量。

应成立专门的海外铁矿石采购调研部门,对海外铁矿石供应商进行全面评估,合理论证拟合作投资的项目,与运行状况良好、有望形成稳定供应能力的铁矿石供应商签订长期采购协议,获得稳定优质的铁矿石资源,建立铁矿石多元化供给模式,稳定我国铁矿石国际贸易格局。

应严格控制签订铁矿石国际长期采购协议存在的各种风险,包括资源性风险、市场风险及政策与法规风险,并针对不可抗力因素所带来的风险制定详细合理的处理机制。钢铁企业应建立海外信息交流平台,及时掌握海外政策法规变化,并及时采取措施控制由于政策法规变动造成的风险,合理把握采购节奏。

三、加大技术研发投资,降低国内钢铁企业开采成本

加大技术研发投资,紧密结合我国钢铁企业实际情况,开发一批具有自主知识产权的核心技术和关键技术,降低国内钢铁企业的开采成本,获得成本比较优势,稳定国内铁矿石资源供应能力。降低对外依存度,提高企业的核心竞争力,促进国内钢铁企业实现可持续发展,降低中国应对全球铁矿石价格波动的风险。

把科技投入作为铁矿石战略性投资,为关键技术和重点领域的突破创新提供资金保障。设立专项科技发展资金、技术创新基金,确保科技开发投入达到一定比例。建立和完善"产学研用"相结合的技术创新体系,实施创新驱动发展战略,打造高效运行的技术创新体系。

引进消化吸收先进技术与装备,并进行再创新,开发绿色高效、低成本、短流程生产工艺技术。进一步开展地质勘查、采矿、选矿创新技术研究,争取在扩大资源掌控、充填采矿、采空区治理、地下矿柱安全预测预报、选矿攻关等技术方面有突破和创新,着力推广资源综合利用先进技术的应用,解决矿山实际问题,达到安全高效、降本增效的目的。

四、加强政府支持和引导,提高废钢利用水平

按照绿色可循环的理念,鼓励推广以废钢为原料的短流程炼钢工艺及装备应用。充分利用全国各地碳排放交易市场建立的时机,规范废钢铁行业发展,提高废钢比,增强废钢对铁矿石的替代作用。

建设再生资源保障体系,按照废钢铁加工行业准入条件及管理办法要求,规范行业管理,构建产业化的废钢回收加工配送体系,鼓励废钢资源回收利用。加快落实相关优惠政策,解决废钢加工环节税负过重的问题,降低钢铁企业使用废钢铁的成本,提高钢铁企业利用废钢的积极性。

推进废钢资源回收利用产业化示范基地建设,研究制定支持废钢回收利用的税收政策。在产量不变的情况下,随着国家钢铁产业政策的落地,短流程炼钢的推广力度或将逐渐加强,短流程炼钢产量占比有望逐渐提高,废钢对铁矿石的替代效应或将增强。

第三篇

国际有色金属市场篇

第七章 全球有色金属贸易格局

- 钨、锡、锑、钼是中国优势矿产,储量和产量均世界第一。
- 中国是世界钨、钼、锑主要供应国,出口量可满足大部分国际市场需求。
- 中国主要进口钨、锡、锑、钼原矿,出口以冶炼产品、初级加工产品为主。

第一节 世界钨贸易格局

钨是国民经济和现代国防不可替代的基础材料和战略资源,用钨制造的硬质合金具有超高硬度和优异的耐磨性,钨可用于制造各种切削工具、刀具、钻具和耐磨零部件,被誉为"工业的牙齿"。硬质合金广泛应用于军工、航天航空、机械加工、冶金、石油钻井、矿山工具、电子通信、建筑等领域,钨丝是照明、电子等行业的关键材料。

全球钨贸易以钨精矿、钨酸盐、废钨为主,其中,钨精矿进口相对集中,出口较分散;钨酸盐进口和出口皆较为集中;废钨贸易主要活跃在发达国家。

一、中国钨储量和产量世界第一

2016年,全球钨资源储量约310万t(钨含量),静态储采比不足30年,全球已知的20多种钨矿物中,具有工业价值的仅有白钨矿和黑钨矿两种,二者占全球钨资源比例分别为73%和25%左右;白钨矿属难选矿石,黑钨矿属优质钨矿,资源稀缺。美国、俄罗斯等大国先后建立了钨的战略储备。

中国钨储量相对丰富,2016年,钨资源储量为190万t(钨含量),占全球钨资源总储量的61.32%,居世界首位。加拿大(29万t,9.36%)、俄罗斯(8.3万t,2.68%)和越南(6.8万t,2.19%)三国合计占比14.23%(图7-1)。

2016年,全球钨产量为86 400t[①](钨含量),其中,中国71 000t,占全球总产量的

---

① 不包括美国的钨产量。

82.18%。其他主要生产国为越南(6000t,6.94%)、俄罗斯(2600t,3.01%)、玻利维亚(1400t,1.62%)和澳大利亚(869t,1.01%)(图7-2)。

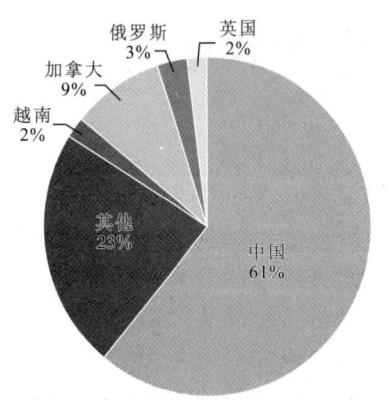

图7-1 2016年全球钨资源储量分布
(数据来源:USGS)

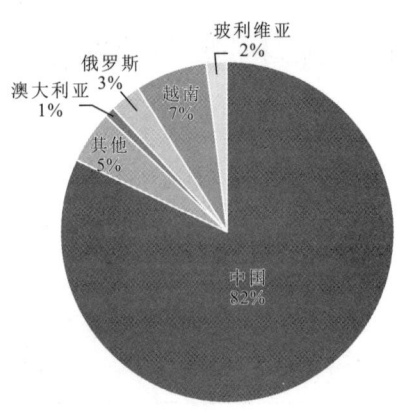

图7-2 2016年全球各国钨产量占比
(数据来源:USGS)

二、全球钨贸易以钨精矿、钨酸盐和废钨为主

钨制品主要包括钨精矿、钨酸盐类、钨粉末、纯钨制品、钨合金、硬质合金、钨的其他衍生制品等。钨贸易主要以钨精矿、钨酸盐和废钨为主。2016年,各类钨制品进口总量5.19万t[①],其中,钨精矿1.32万t(25.62%)、钨酸盐0.79万t(15.44%)和废钨1.12万t(21.74%);各类钨制品出口总量6.14万t,三者分别为1.97万t(32.06%)、0.54万t(8.86%)和1.84万t(29.94%)(图7-3)。

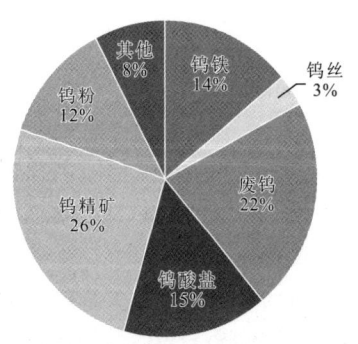 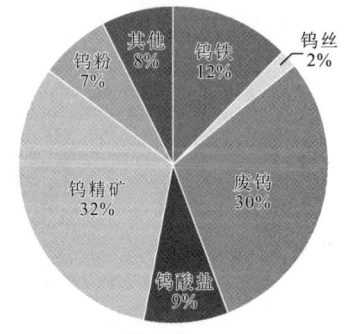

图7-3 2016年全球钨制品进口量(左)和出口量(右)结构
(数据来源:UNCD)

---

① 贸易部分的数据均来自于联合国商品贸易数据库,由于钨类产品无法精确到钨含量,数值均为实物量。

1. 钨精矿进口国集中,出口国较为分散

2016年,全球钨精矿进口量1.32万t,同比下降25%;出口量1.97万t,较2015年(7.27万t)下降了72.9%。2015年,阿富汗钨精矿出口量激增,达到5.19万t,占同期世界出口总量的71.39%;2016年,阿富汗钨精矿出口量恢复正常,导致全球钨精矿总出口量大幅回落(图7-4)。

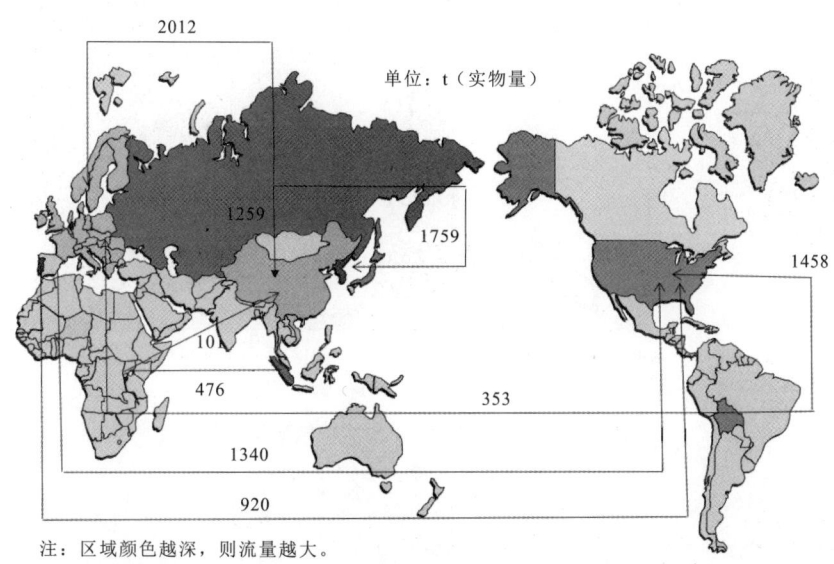

图7-4 2016年钨精矿主要生产国和消费国及基本贸易流向示意图

(数据来源:UNCD)

钨精矿的主要进口国是中国和美国。2016年中国进口钨精矿4079t,占钨精矿总进口量的30.89%;美国进口钨精矿3584t,占钨精矿总进口量的27.14%,两国合计占比58.03%。2013年,受法国(6928t)进口钨精矿大幅增加所致,全球钨精矿进口总量突增(图7-5)。

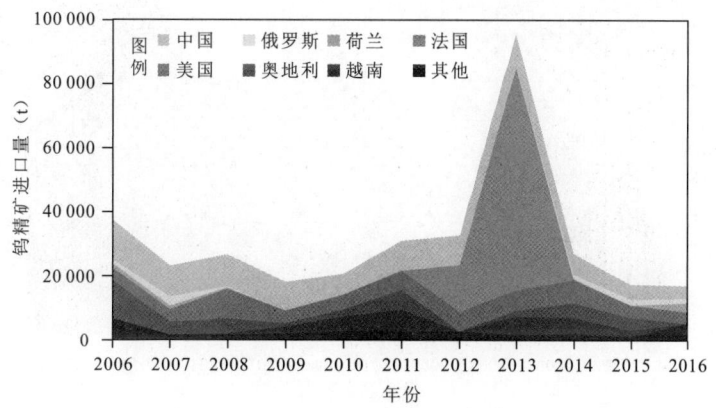

图7-5 2006—2016年全球钨精矿进口量

(数据来源:UNCD)

钨精矿出口国较为分散,近40个,以俄罗斯、玻利维亚、西班牙、葡萄牙、卢旺达为主。2016年,俄罗斯钨精矿出口量5 494.58t,占比27.83%,其余四国分别为玻利维亚1 911.44t(9.65%)、西班牙1 360.98t(6.89%)、葡萄牙1 185.66t(6.01%)和卢旺达1 153.66t(5.84%),其钨精矿出口量占比均不超过10%(图7-6)。

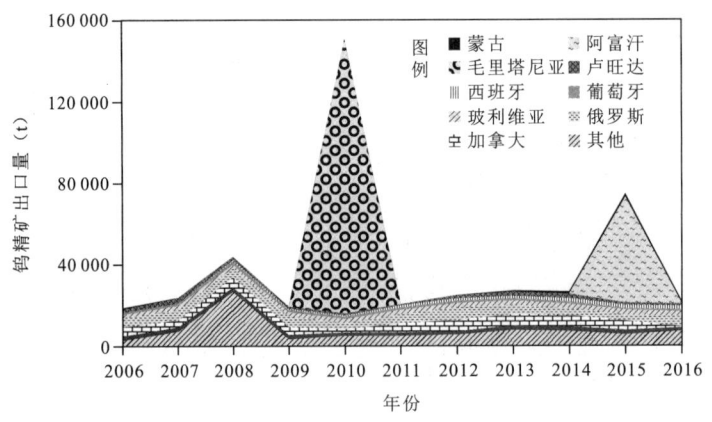

图7-6 2006—2016年全球钨精矿出口量

(数据来源:UNCD)

2. 钨酸盐进口和出口集中度较高

德国、日本、美国是钨酸盐主要进口国。2016年,全球钨酸盐的进口总量为7955t,较2015年(9510t)减少16.35%,其中德国进口3444t(43.29%),其次是美国1121t(14.09%)、日本1098t(13.8%);中国、比利时、法国等国家进口钨酸盐占比均低于10%(图7-7)。

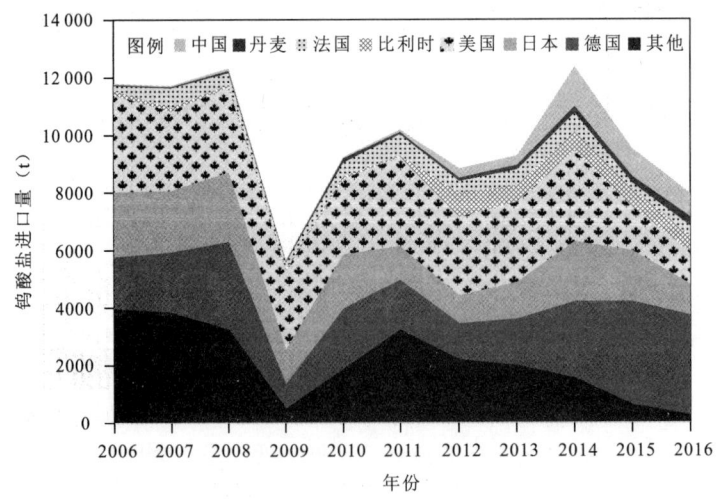

图7-7 2006—2016年全球钨酸盐进口量

(数据来源:UNCD)

中国为钨酸盐的最大出口国。2016年,全球钨酸盐的出口总量为5447t,较2015年(6636t)下降17.92%,中国出口4739t,占出口总量的87%。美国既是钨酸盐的主要进口国,也是主要出口国,其进出口钨酸盐的类别有所区别:主要出口钨酸钠等产品,进口仲钨酸铵、偏钨酸铵。美国作为钨酸盐的第三大出口国,2006—2016年出口量占比保持在5%左右(图7-8)。

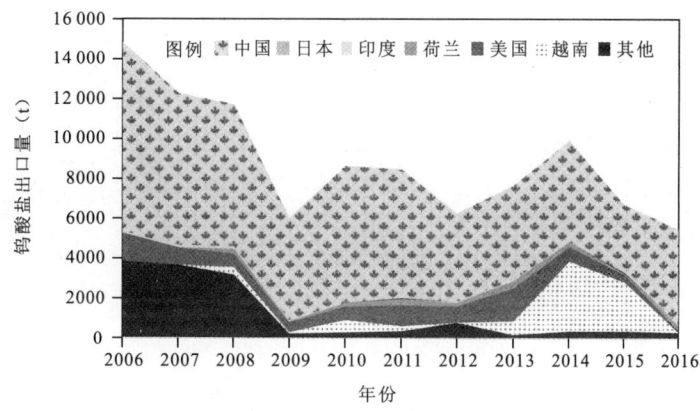

图7-8　2006—2016年全球钨酸盐出口量

(数据来源:UNCD)

3. 发达国家废钨贸易活跃

2016年,世界废钨进口总量为1.12万t,较2015年增加7.28%,主要进口国为德国(3703t,33.07%)、美国(1684t,15.04%)、英国(1672t,14.93%)、法国(860t,7.68%)(图7-9)。

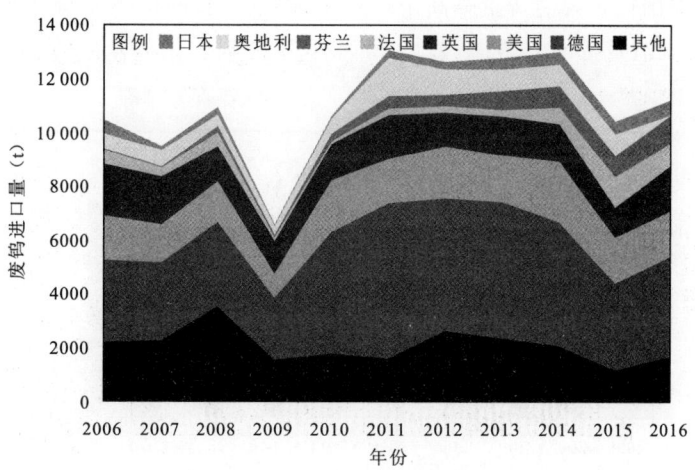

图7-9　2006—2016年全球废钨进口量

(数据来源:UNCD)

2016年,全球废钨的出口总量为1.84万t,较2015年减少15.48%,德国、英国、美国为主要出口国。2014—2015年由于津巴布韦、卡塔尔、坦桑尼亚出口量的异常波动,造成废钨非主要出口国占比急剧增加至60%。2014年,津巴布韦废钨出口量为1.8万t,占比52.94%;2015年,卡塔尔和坦桑尼亚分别出口废钨0.77万t、0.3万t,合计占比超过50%(图7-10)。

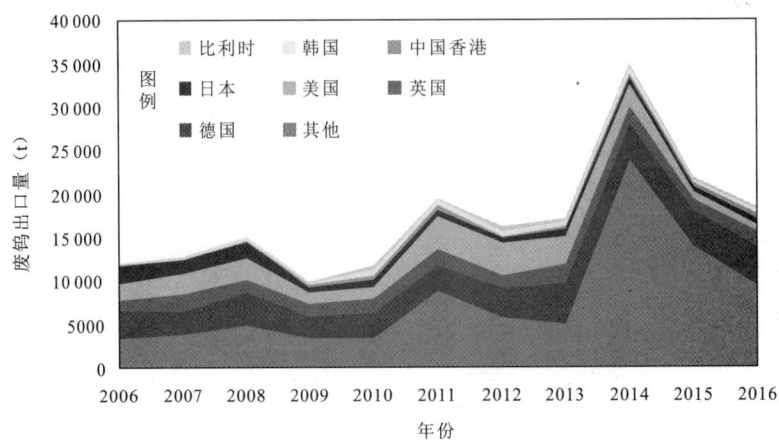

图7-10　2006—2016年全球废钨出口量

(数据来源:UNCD)

三、中国钨市场供大于求,供需差额逐步缩小

2011年以前,中国钨市场供大于求,供需差额较大。由于金融危机的影响,2009年,中国钨产量(0.47万t)和钨表观消费量(0.475 8万t)都处于历史低值,基本实现供需平衡。2012—2013年,中国钨表观消费量略高于钨产量,出现短暂的供不应求。2015年,中国钨产量6.8万t,钨表观消费量6.54万t,较2014年下降约3%,供需差额0.26万t(图7-11)。

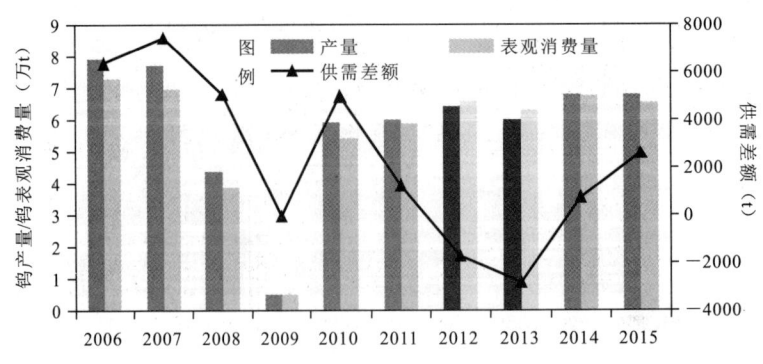

图7-11　2006—2015年中国钨产量、钨表观消费量及供需差额

(数据来源:USGS)

第二节 世界锡贸易格局

一、中国锡储量世界第一,占全球总储量的 24%

2016 年,全球探明锡金属储量约 470 万 t。中国锡金属储量约 110 万 t,占全球总储量的 24%,位居第一;其次是印度尼西亚(80 万 t,17%)、巴西(70 万 t,15%)、玻利维亚(40 万 t,9%)、澳大利亚(37 万 t,8%)、俄罗斯(35 万 t,7%)(图 7-12)。

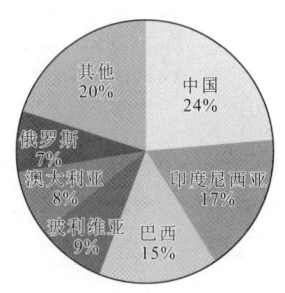

图 7-12 2016 年全球主要国家锡矿储量占比

(数据来源:USGS)

二、中国是精炼锡生产和消费的第一大国

中国和印度尼西亚是世界精炼锡的主要生产国。2015 年,全球精炼锡总产量 34.59 万 t。其中,中国 16.69 万 t,占 48.25%;印度尼西亚 6.74 万 t,占 19.49%;两国产量总和占比 67.74%(图 7-13)。

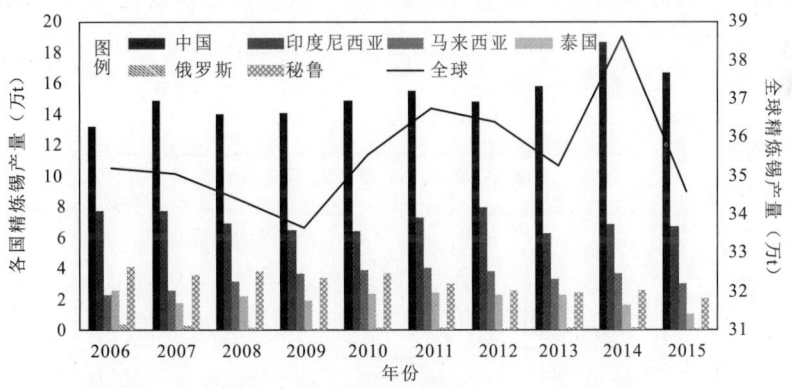

图 7-13 2006—2015 年全球精炼锡产量数据

(数据来源:全球矿产资源信息平台)

中国、欧洲、美国和日本是精炼锡主要消费国家和地区。2015 年,全球精炼锡消费量 36.19 万 t,其中,中国消费 17.58 万 t,占 48.57%;欧洲消费 3.48 万 t,占 9.62%;美国消费 3.06 万 t,占 8.46%;日本消费 2.68 万 t,占 7.41%(图 7-14)。

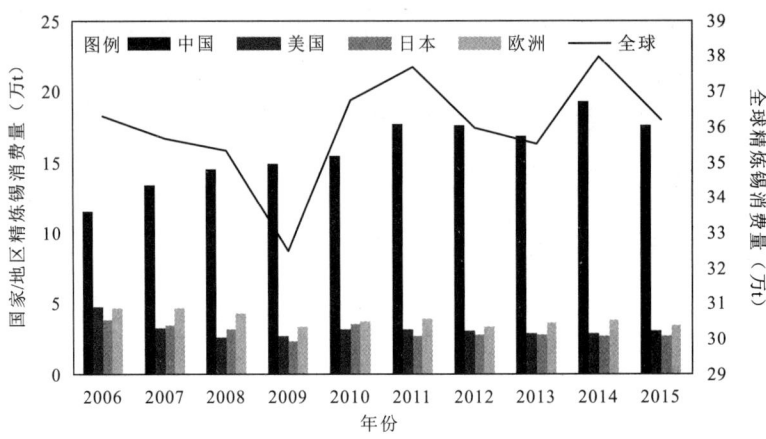

图 7-14　2006—2015 年全球精炼锡消费量数据

（数据来源：全球矿产资源信息平台）

三、全球锡贸易以锡精矿和精炼锡为主

1. 锡精矿贸易

锡精矿是国际有色金属市场上重要的金属矿产贸易商品。2016 年，全球锡精矿贸易总量约为 33.36 万 t，比 2015 年增长了 33.24%。中国、越南、马来西亚、新加坡及澳大利亚、俄罗斯、玻利维亚、巴西是贸易主体。

锡精矿的主要出口国为澳大利亚、玻利维亚和巴西，出口量占世界出口总量的 66.20%。2016 年，澳大利亚出口锡精矿 1.75 万 t，占比 50.38%，其次是玻利维亚（0.25 万 t，7.06%）、巴西（0.24 万 t，6.95%）。2007—2015 年，美国锡精矿出口量大幅减少，由 2007 年的 2.13 万 t 降低至 2015 年的 0.06 万 t（图 7-15）。

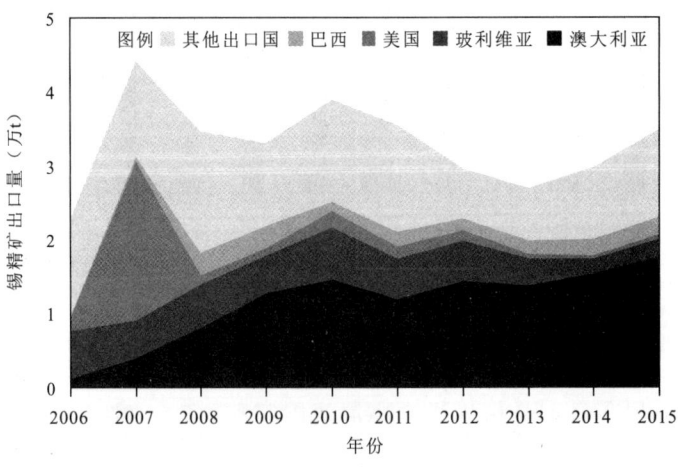

图 7-15　2006—2015 年全球锡精矿主要出口国出口量

（数据来源：UNCD）

中国和马来西亚是锡精矿的主要进口国。中国是锡精矿的第一大进口国,进口量 29.14 万 t,占比 87.35%;马来西亚(3.16 万 t,9.49%)位居第二(图 7-16)。

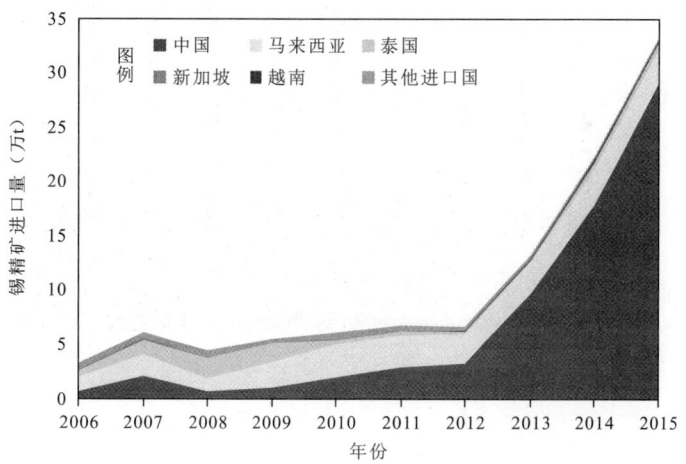

图 7-16 2006—2015 年全球锡精矿主要进口国进口量

(数据来源:UNCD)

2. 精炼锡贸易

2016 年,全球精炼锡贸易出口总量约为 24.04 万 t。出口国主要为:印度尼西亚(6.98 万 t,29.03%)、马来西亚(3.83 万 t,15.93%)、新加坡(3.51 万 t,14.60%)、荷兰(2.24 万 t,9.32%)、秘鲁(2.1 万 t,8.73%)(图 7-17)。

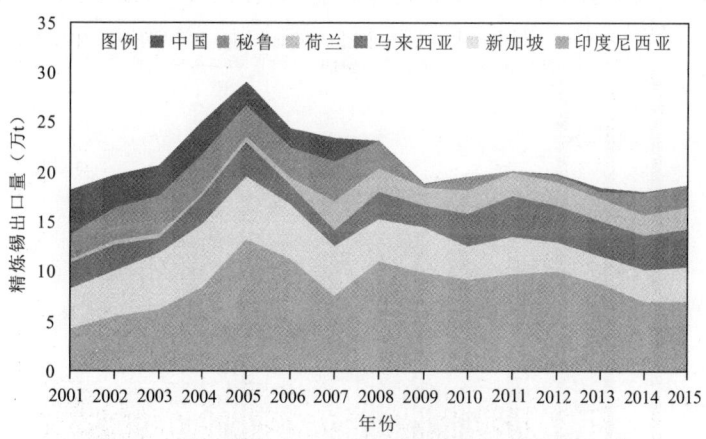

图 7-17 2001—2015 年全球精炼锡出口国出口量

(数据来源:全球矿产资源信息平台)

2016 年,全球精炼锡的主要进口国为美国、荷兰、日本、德国、韩国,其中,美国(3.35 万 t,14.25%)、荷兰(2.56 万 t,10.89%)、日本(2.55 万 t,10.85%)、德国(1.92 万 t,8.17%)、韩国

(1.38万t,5.87%)5个国家的总进口量为11.76万t,占世界总进口量的50.03%(图7-18)。

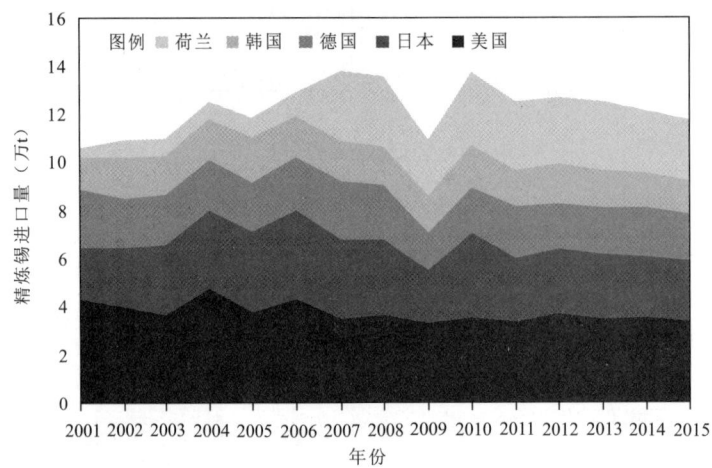

图7-18　2001—2015年全球精炼锡进口国进口量

(数据来源:全球矿产资源信息平台)

中国在2007年以前是精炼锡的主要出口国,于2008年开始转变为精炼锡进口国。2002年,中国将锡及锡制品纳入出口配额管理,精炼锡出口量为3.22万t,进口量为0.36万t,净出口量为2.86万t。2008年,开始征收10%的精炼锡出口关税,精炼锡出口基本处于停滞状态,中国成为精炼锡进口国。2015年,中国精炼锡出口量为0.06万t,进口量为0.95万t,净进口量为0.89万t。2017年1月,中国取消了精炼锡的配额和关税,精炼锡出口幅度有了较大的增加(图7-19)。

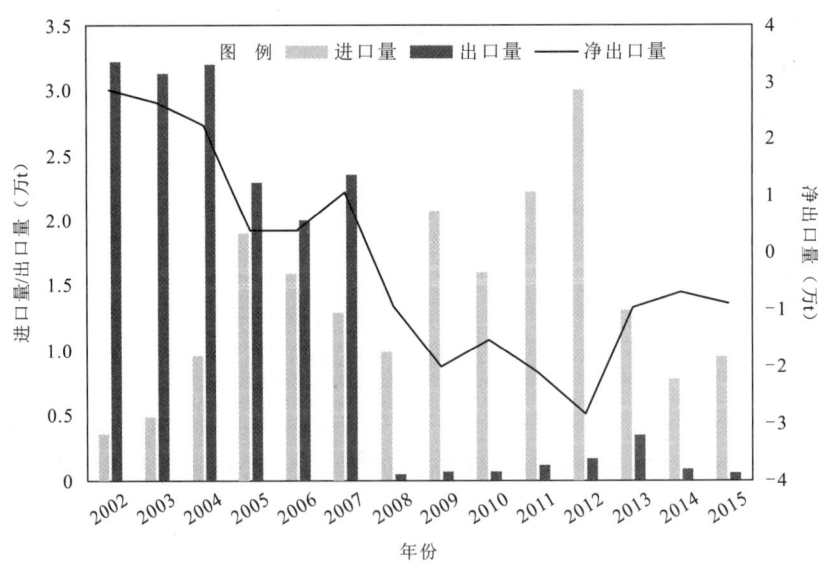

图7-19　2002—2015年中国精炼锡进出口情况

(数据来源:全球矿产资源信息平台)

第三节 世界锑贸易格局

一、中国是锑资源、生产、消费大国

2016年,全球锑储量150万t(金属量),集中分布在中国、俄罗斯、玻利维亚和澳大利亚。中国锑成矿条件优越,是全球锑资源最丰富的国家,2016年锑储量53万t,占全球总储量的35%;俄罗斯储量35万t,占比23%,其余分别为玻利维亚(31万t,21%)、澳大利亚(16万t,11%)。

中国是锑生产大国。2016年中国生产锑矿10万t(金属量),占全球总产量的79%,排名第二的俄罗斯产量仅为0.9万t,占比7%,其次为塔吉克斯坦(0.8万t,6%)、玻利维亚(0.4万t,3%)、澳大利亚(0.35万t,3%)、缅甸(0.3万t,2%)(图7-20)。

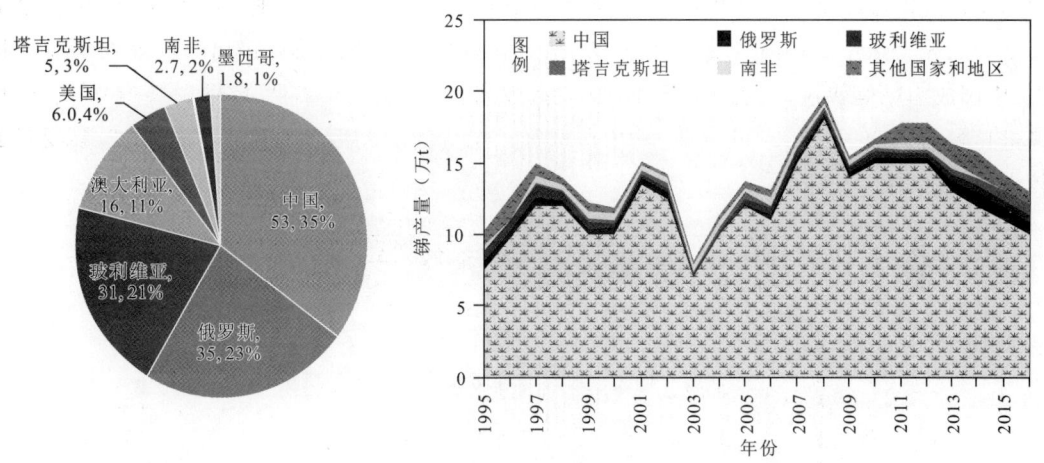

图7-20 2016年全球锑资源储量分布及1995—2016年锑矿供应历史

(数据来源:USGS)

2016年,全球锑产量从2008年的18.3万t减少到13万t,减少了29%。中国作为全球最大的产锑国,2008—2016年锑产量占比均在75%以上。中国锑减产对全球总供给影响巨大,其锑产量从2008年的18万t减少到了2016年的10万t,减少了44%(图7-21)。

20世纪末,我国锑消费量快速增加,并于2000年开始超越美国成为全球锑第一消费国。2015年,全球锑消费量18.4万t(金属量),其中,中国消费8.7万t,占比47%;美国消费2.33万t,占比12.7%;日本消费0.52万t,占比约3%(图7-22)。

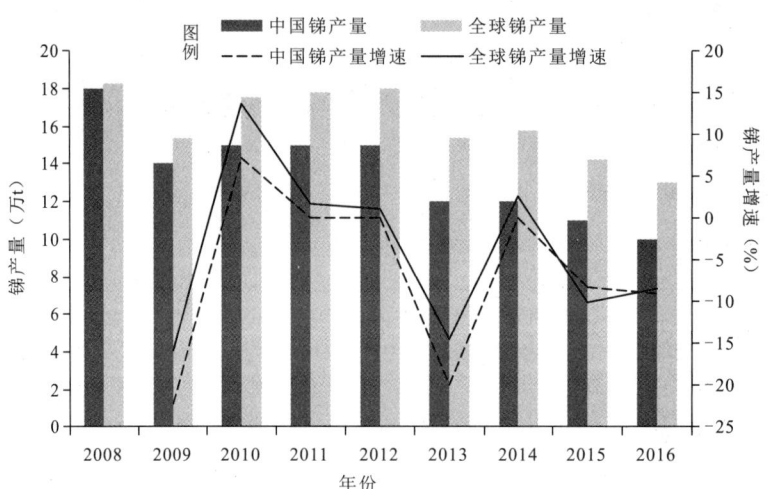

图 7-21 2008—2016 年中国及全球锑产量及产量增速变化

（数据来源：USGS）

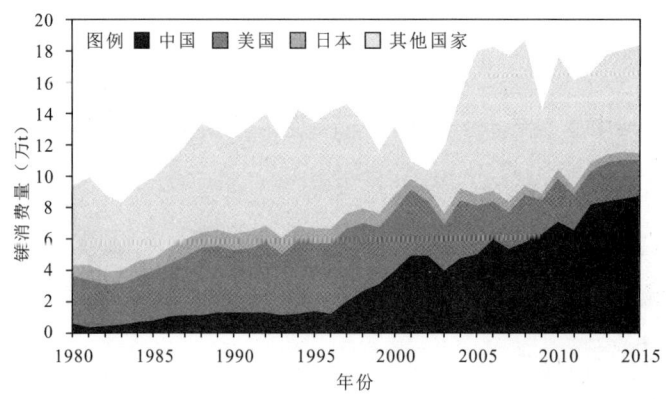

图 7-22 1980—2015 年主要国家锑消费量历史

（数据来源：USGS、JOGMEC）

二、锑精矿进口国以越南、中国为主，出口国以墨西哥为主

越南由于锑品加工企业增多，2016 年进口锑精矿达到 12.87 万 t（实物量，下同），是全球最大的锑精矿进口国，中国锑精矿进口量排名第二；墨西哥、俄罗斯、澳大利亚、中亚国家（塔吉克斯坦、哈萨克斯坦、吉尔吉斯斯坦）、东南亚国家（缅甸、泰国）、玻利维亚及秘鲁是锑精矿的主要出口国（图 7-23）。

2016 年，全球锑精矿进口量 19.18 万 t，其中越南 12.87 万 t（67.1%），超过中国成为锑精矿第一进口国；进口主要来源于墨西哥、俄罗斯、中国（5.40 万 t，28.2%）。2016 年，全球

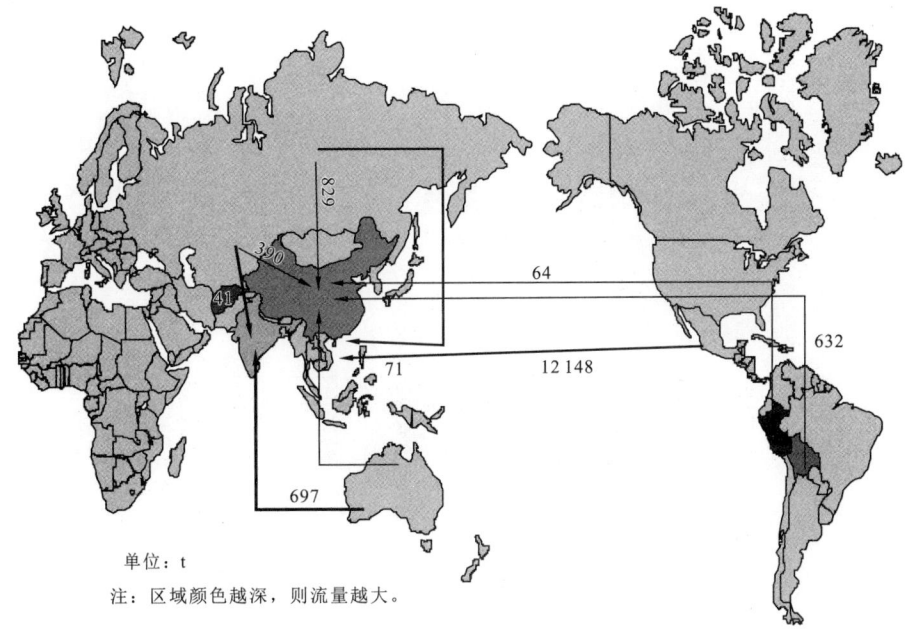

图 7-23 2016 年全球锑精矿贸易流向示意图

（数据来源：UNCD）

出口量 18.76 万 t，其中墨西哥 12.19 万 t(65.0%)，取代澳大利亚(1.32 万 t,7.0%)成为最大的锑精矿出口国，塔吉克斯坦(2.83 万 t,15.1%)位居第二（图 7-24）。

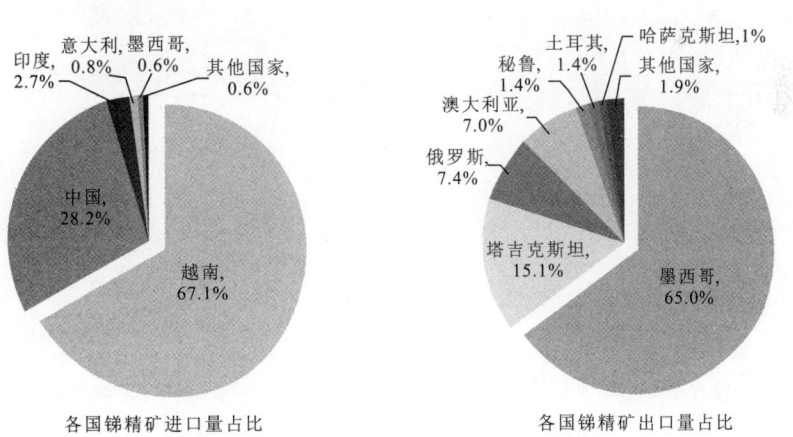

图 7-24 2016 年全球锑精矿贸易份额

（数据来源：UNCD）

中国锑精矿进口来源集中度较高，主要来自塔吉克斯坦、澳大利亚、俄罗斯和吉尔吉斯斯坦，四国合计占比 94%。近年来国际市场对锑精矿的争夺日趋激烈，导致我国锑精矿进口量呈下降趋势（图 7-25）。

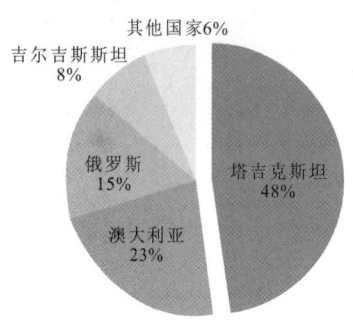
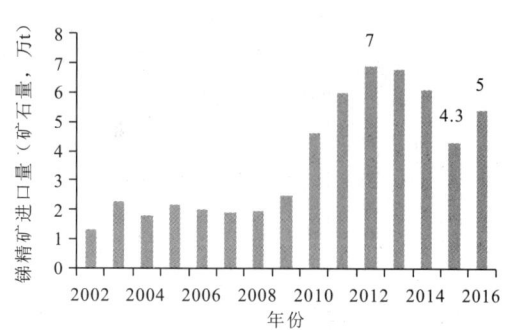

图 7-25 2016 年中国锑精矿进口来源及进口历史

(数据来源:UNCD)

三、氧化锑出口国以中国为主,进口国比较分散

中国是最大的氧化锑出口国,2016 年出口量 39 965t,占全球出口总量的 60%,氧化锑产品主要销往美国、日本及东南亚国家。美国是最大的氧化锑进口国,2016 年进口量 19 474t,占全球进口总量的 29%,其 94% 的氧化锑进口来自中国(图 7-26)。

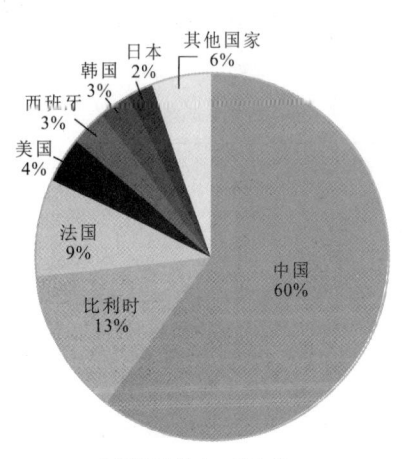
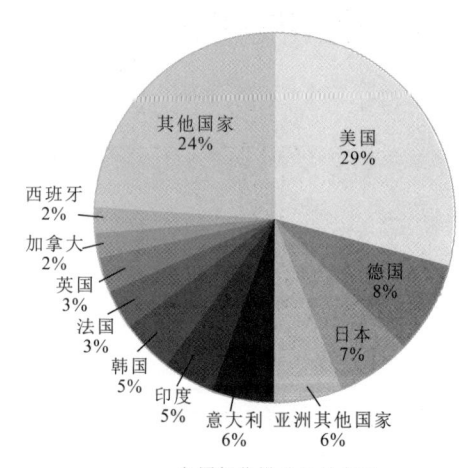

各国氧化锑出口量占比　　　　各国氧化锑进口量占比

图 7-26　2016 年全球氧化锑贸易份额

(数据来源:UNCD)

2006—2015 年,受世界经济发展低迷、中国出口配额及取消锑品出口退税的影响,我国氧化锑产品出口量总体呈下降趋势,2016 年氧化锑产品出口量 39 965t,比 2015 年增加了 27.5%(图 7-27)。

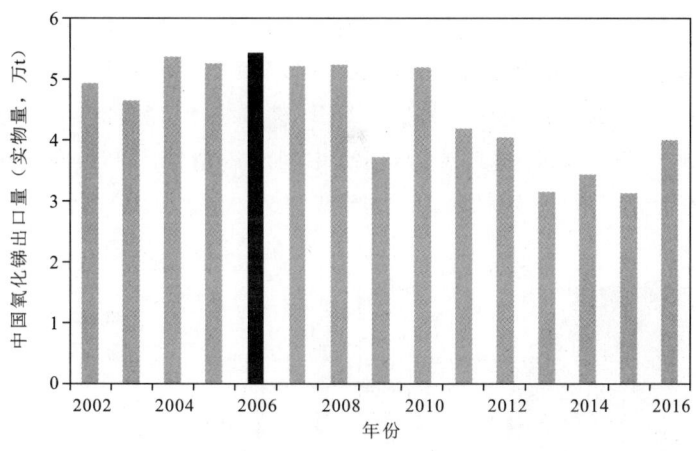

图 7-27 2002—2016 年中国氧化锑出口量

（数据来源：UNCD）

四、中国精锑出口量下滑，走私情况猖獗

2002—2006 年，中国精锑出口量一直维持在 2 万 t 以上的水平，自 2007 年开始，对精锑出口征收 5% 关税，中国精锑出口量直线下滑至 8230t，此后精锑出口量一直维持在低位水平（图 7-28）。

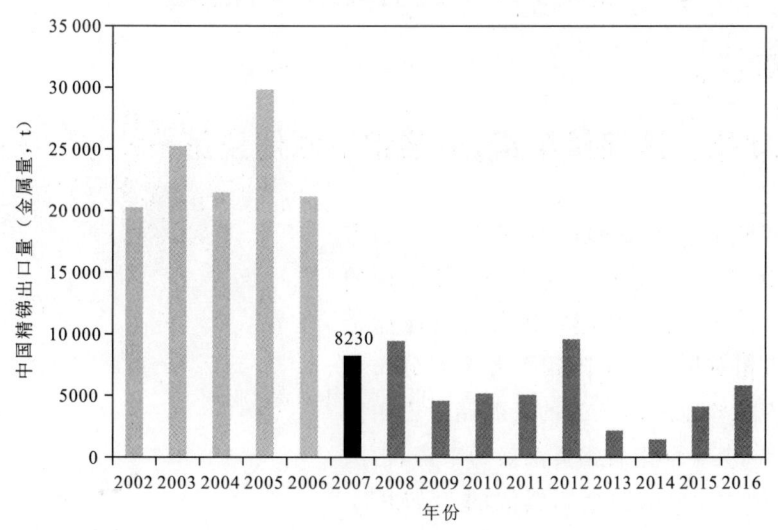

图 7-28 2002—2016 年中国精锑出口量

（数据来源：UNCD）

另外,由于走私现象十分严重,实际流向国际市场的精锑量要远远高于官方统计数据。2016年,全球精锑进口主要集中在法国、比利时、美国、日本、韩国及西班牙6个国家,其进口总量占全球贸易量的83%,其主要进口来源为中国,从中国进口精锑量分别占其进口总量的97%、71%、69%、70%、98%和60%。按照UNCD进口统计口径,2016年,上述6国从中国进口精锑28 042t,按照UNCD出口统计口径,中国出口精锑5817t,两组统计数据相差甚远,精锑走私现象十分严重(图7-29)。

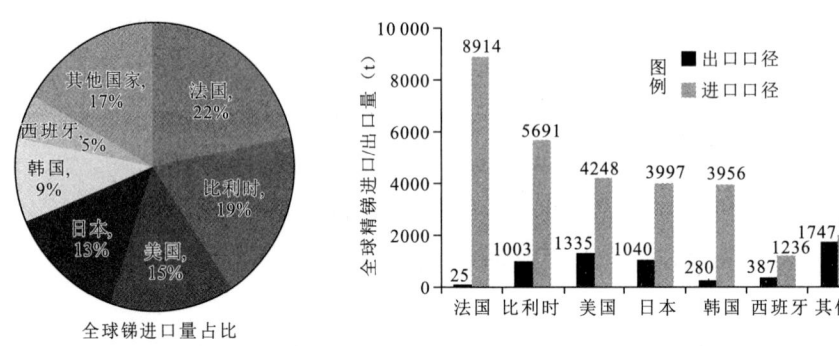

图7-29 2016年全球精锑进口精锑出口情况

(数据来源:UNCD)

第四节 世界钼贸易格局

一、全球钼资源储量丰富,中国钼资源储量第一

全球钼资源丰富,资源储量1000万t左右,主要分布在中国和美洲地区。其中,中国储量约430万t,占比43%,美国、智利、秘鲁占全球储量的43%,分布相对集中。中国钼资源主要分布在河南、陕西、吉林等地区,3个省的资源储量占中国总储量的80%,其中河南省钼资源最为丰富,占国内总储量的40%。中国钼金属资源的75%用于冶炼钢铁行业(图7-30)。

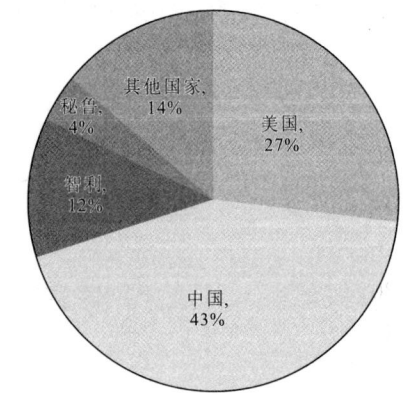

图7-30 各国钼金属储量占比

(数据来源:USGS)

二、全球钼精矿产量稳定,中国钼精矿产量居首位

2007—2016年,全球钼精矿产量稳定在20万~25万t。2016年,全球钼精矿产量22.7万t,中国产量9万t(39.65%),居于首位;其次为智利(5.2万t,22.91%)、美国(3.16万t,13.92%)、秘鲁(2万t,8.81%)(图7-31)。

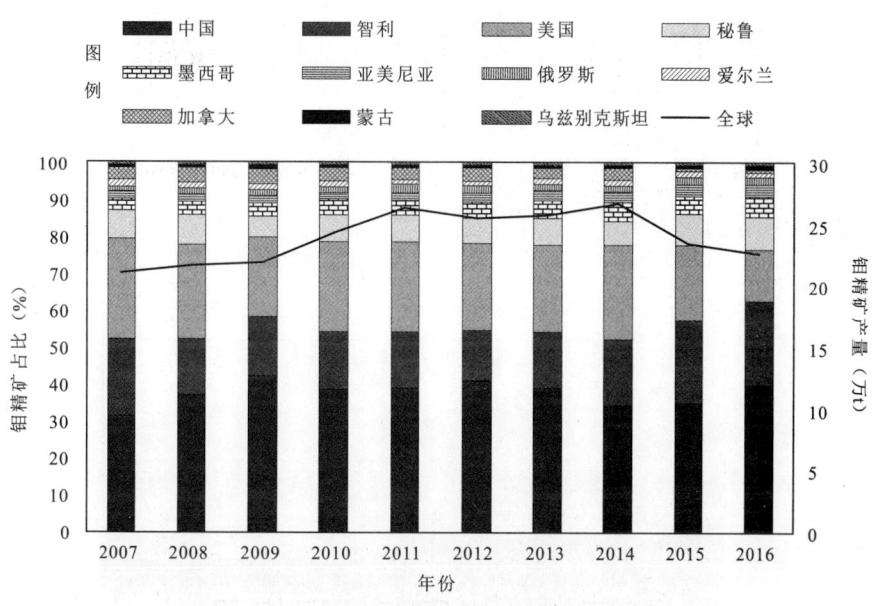

图7-31 2007—2016年各国钼精矿产量及占比

(数据来源:UNCD)

三、全球钼贸易以钼精矿和氧化钼为主

1. 钼精矿贸易

2016年,全球钼精矿出口总量27.37万t,主要出口国集中在美洲地区:智利(9.78万t,35.73%)、美国(2.81万t,10.27%)、秘鲁(4.54万t,16.58%)、墨西哥(1.90万t,6.94%)(图7-32)。

2016年,全球钼精矿进口总量25.21万t。其中东亚是主要进口地,日本(3.60万t,14.28%)、韩国(3.02万t,11.98%)、中国(2.18万t,8.65%)(图7-33)。

2. 氧化钼贸易

2016年,全球氧化钼出口总量2.57万t。智利氧化钼出口保持长期稳定状态,出口0.93万t,占比36.19%。美国从2008年的1.66万t下降到2016年的0.08万t,占比

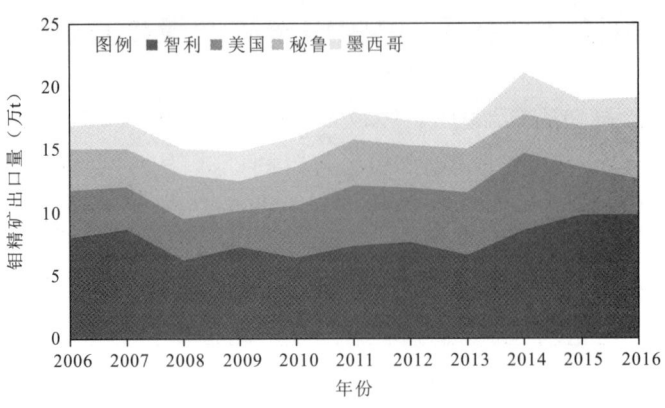

图 7-32 2006—2016 年全球钼精矿主要出口国钼精矿出口量

(数据来源:UNCD)

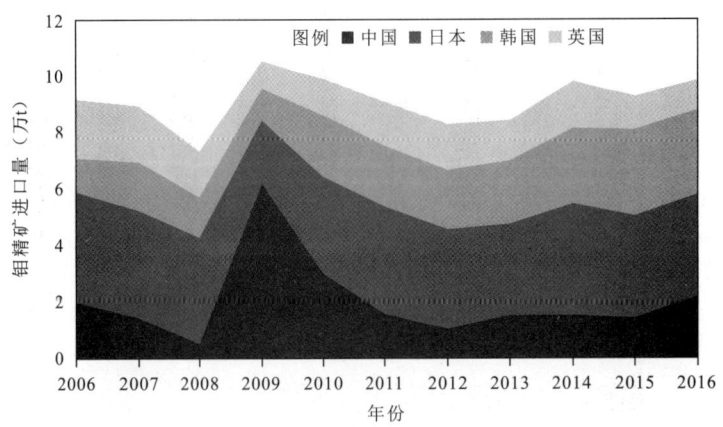

图 7-33 2006—2016 年全球钼精矿主要进口国钼精矿进口量

(数据来源:USCD)

3.11%。2010—2016 年,中国氧化钼出口量稳步上升,2016 年出口 0.41 万 t,占比 15.95% (图 7-34)。

2016 年,全球氧化钼进口总量 2.27 万 t。其中,德国 0.22 万 t(9.69%),日本 0.30 万 t (13.22%),印度 0.38 万 t(16.74%)。加拿大的氧化钼进口量从 2008 年的 0.48 万 t 下降到 2016 年的 0.01 万 t,下降速度较快(图 7-35)。

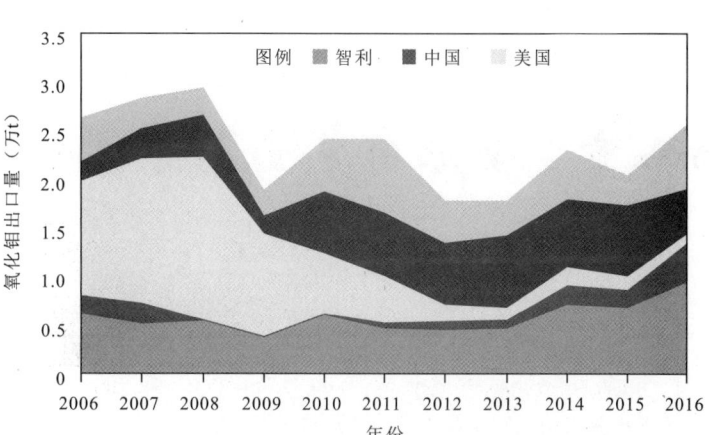

图 7-34　2006—2016 年全球氧化钼主要出口国氧化钼出口量

（数据来源：UNCD）

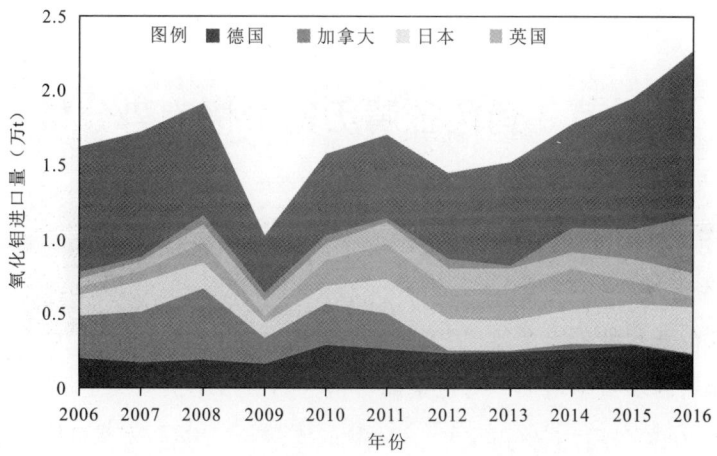

图 7-35　2006—2016 年全球氧化钼主要进口国氧化钼进口量

（数据来源：UNCD）

第八章 全球有色金属价格分析

- 钨、锡、锑、钼历史价格符合有色金属市场价格变动趋势。
- "中国因素"对国际有色金属价格产生重要影响。
- 钨、锡、锑、钼市场回暖,未来价格上行压力不大。
- 未来两三年,钨价格10万~13万元/t、锡价格21 000~24 200美元/t、锑价格7000~8000美元/t、钼价格1500~1700元/吨度[1]。

第一节 有色金属历史价格走势分析

1920年至今,有色金属市场价格可以分为5个区间(图8-1):

1. 区间A(1920—1945年)

此时期的有色金属处于用途发现、工艺革新阶段,应用领域的拓宽和生产工艺的不断进步推动了有色金属需求量的增加。有色金属价格主要由市场供需决定,整体处于平稳期。

2. 区间B(1945—1970年)

受美国工业化与城市化及二战后欧洲、日本重建扩张的影响,有色金属需求规模扩张,推动了其价格的上涨。1945—1970年,钨、锡、锑、钼4种金属价格的年均增长率分别为2.2%、4.8%、8.8%和3.2%。

3. 区间C(1970—2000年)

20世纪70年代,全球经济进入新阶段,国际资本流动和贸易活动空前繁荣。美元贬值和石油危机引发20世纪70年代前期资源价格上涨,此后资源供求和价格变化进入了相对稳定时期。20世纪90年代,美国开始进入繁荣期,同时以中国为代表的新兴市场经济国家发展迅速,在一定程度上助推了有色金属价格上涨。

---

[1] 每吨矿石金属所含金属的纯度,国内的基准含量定为45%。

4. 区间 D(2000—2009 年)

进入21世纪,有色金属价格涨势惊人,2005年钼价持续飙升到7.01万美元/t,较2000年增长了11.5倍。供求关系趋紧是造成此番价格上涨的主要原因:第一,矿产勘探、开采的投资未及时跟上全球经济不断增长的内在需求;第二,以中国为代表的新兴经济体发展迅速,对资源产生了庞大的新需求。2008年金融危机的爆发提前终止了价格继续上涨的趋势,有色金属价格均出现深幅下跌。

5. 区间 E(2010—2016 年)

从2010年开始,有色金属价格迅速见底回升,钨、锡、锑、钼4种金属的价格分别较2009年的触底价格上涨了5%、50%、70%和35%,价格反转与世界各国积极的救市政策密切相关。2012年至今,全球经济低迷导致内外需求疲软,消费水平明显下降,有色金属价格步入下行通道。

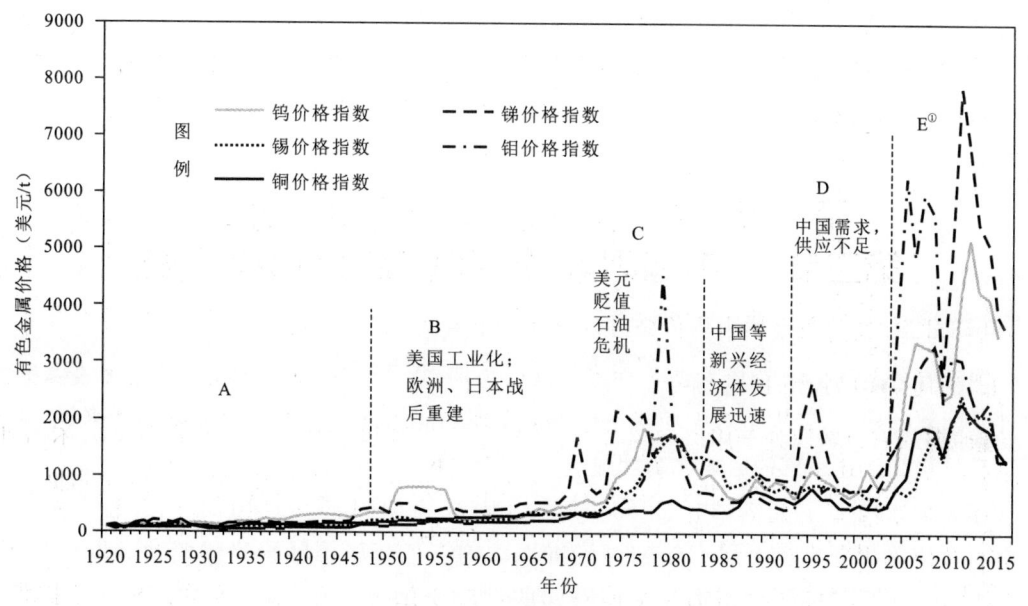

图 8-1 1920—2015 年有色金属价格走势分析

(数据来源:USGS)

1970—1980年,钨、锡、锑、钼价格均出现强烈的波动:
- 1977年钨金属价格2.02万美元/t,较1970年增加2.6倍;
- 1980年锡金属价格1.87万美元/t,较1970年增加3.9倍;
- 1974年锑金属价格4012美元/t,较1972年增加2倍;
- 1979年钼金属价格5.1万美元/t,较1970年增加12倍。

---

① 由于2016年的相关数据不全,故图中区间E未显示2016年的趋势。

铜价在此期间表现平稳,1980年的最高价(2231美元/t)较1972年的最低价(1133美元/t)增加了97%,价格波动幅度远低于钨、锡、锑、钼4种金属(表8-1)。

表8-1 1970—1980年有色金属价格波动

	钨	锡	锑	钼	铜
最低价(美元/t)	5640	3838	1301	3900	1133
最高价(美元/t)	20200	18651	4012	51000	2231
波动幅度(%)	258	386	208	1208	97

(数据来源:LME)

铜是期货市场最为成熟的品种之一,从1877年伦敦交易所(London Metal Exchange,LME)成立就开始交易铜。LME铜期货价格是全球铜的定价基础,各国期现货都受它影响。通过对比铜与钨、锡、锑、钼的价格走势,可以揭示:

(1)钨、锡、锑、钼价格变化与以铜为代表的有色金属市场价格变化趋势一致;

(2)成熟的期货市场一定程度上具有现货市场价格稳定器作用。

第二节 "中国因素"影响国际有色金属价格

国际有色金属价格受开发成本、供需、投机预期、货币政策、地缘政治、自然灾害及突发事件等因素的影响,特别是对无期货市场价格发现功能的钨、锑、钼3种金属矿产来说,其国际贸易价格受上述因素的影响尤为明显。

作为全球钨(82%)、锡(36%)、锑(79%)、钼(40%)的主要生产国,我国有色金属出口量会直接影响国际有色金属市场的供应进而影响有色金属国际价格的变动。以锑为例,历史上几次主要的锑价波动都与中国对锑的供应变化密切有关。2002年我国对锑产品出口实施配额制,2006年我国取消锑矿品出口退税,都在一定程度上助推了国际锑价上涨(图8-2)。

1999年以来是世界有色金属价格上涨的第4个周期,中国不断增加的金属需求是推动全球有色金属价格上升的主要原因。中国城市化和工业化进程的推进,带动了全球金属矿产需求的增长,被称为"中国因素"。自1997年开始,中国锑消费量快速增长带动了全球锑需求量的扩张,国际市场锑金属价格亦呈现出快速上涨趋势(图8-3)。

第八章 全球有色金属价格分析

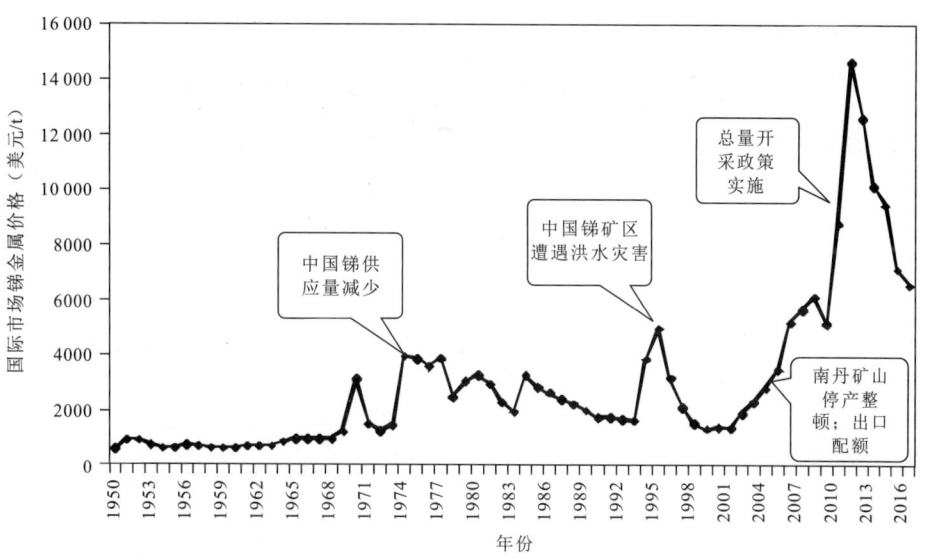

图 8-2 1950—2016 年国际市场锑价

（数据来源：USGS）

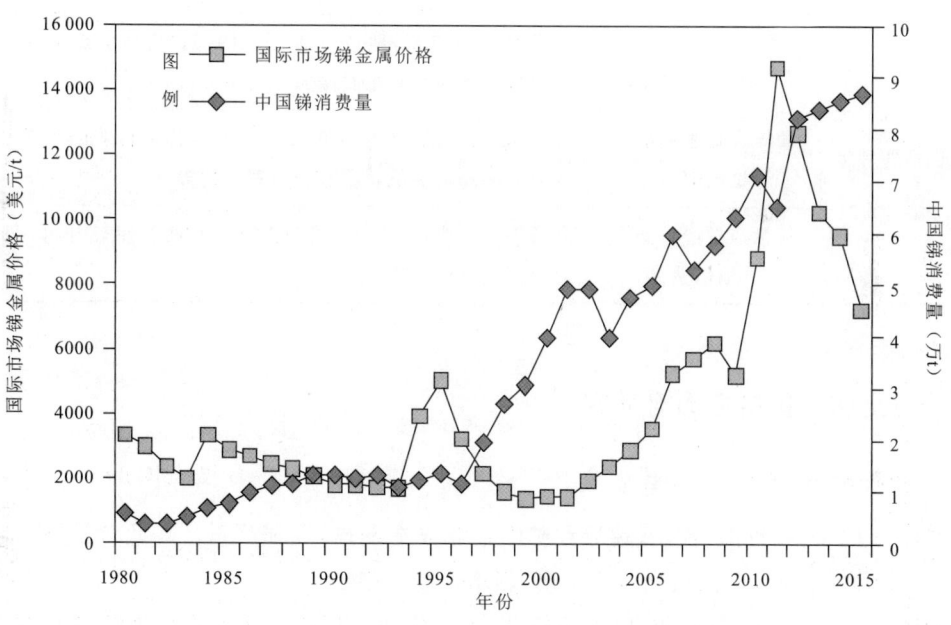

图 8-3 1980—2015 年中国锑消费量与国际市场锑价

（数据来源：USGS、ROSKILL）

第三节 有色金属价格趋势预测

一、钨价格

受到政府管控、钨企减产、下游产品消费增加等因素的影响,全球钨市场将呈现供给收缩、需求升级的态势(表8-2)。

表8-2 全球钨市场供需的主要影响因素

供需基本面	主要影响因素	具体情况
全球钨供给收缩	全球钨企减产	国内八大钨企联合减产,海外部分钨企宣布暂停营运
	中国政府收储	2016年收储钨精矿6000t,为2015年全年产量的6%
	中国环保政策趋紧	中央环保督查组进驻湖南和江西,中小钨企生产受影响
全球钨消费升级	海外企业补库存意愿加强	2017年7月以来,鹿特丹港75%的钨铁价格上涨了52%,表现超过了其他所有主要金属
	硬质合金需求增长拉动消费	基建相关行业的高速发展将带来硬质合金行业的繁荣,从而导致下游高附加值硬质合金消费占比提升
	特钢产量增长支撑钨消费	我国钢铁工业转型升级,特钢产量占比将稳定提升,长期来看对钨消费有拉动作用

(一)全球钨供给得到有效控制

1. 钨价持续低迷,全球钨企减产

2012年以来,钨价的持续低迷导致矿山企业成本倒挂,亏损严重。在此背景下,新勘探的矿山建设受阻,现有矿山增产意愿不足,新增产能有限。

2016年,中国五矿、厦门钨业、章源钨业、江钨集团等国内八大钨企宣布将联合减产;中国钨业协会倡议钨精矿产量下降15%,要求重点骨干企业钨精矿和共伴生钨综合产量下降1万t。若国内主要钨生产企业响应钨协倡议,履行减产承诺,全国钨矿产量将下降1.7万t左右。

国际市场上,作为第二大钨生产国的越南,其产量从高速增长转向平稳,未显现继续扩大的迹象。2015年下半年,加拿大的北美钨业公司的Cantung钨矿宣布暂停运营,进入维修-保养状态,而往年该矿山可为全球提供1700t左右的钨矿年产量。

2. 中国政府收储提振市场信心

2015年,中国政府开始实施了多轮资源收储。2016年10月,国储局确认了6000t钨精矿的收储量,相当于2015年全年产量的近6%。收储价格远高于市场价格,提振了国内市场信心,钨价不再具备持续下跌的逻辑。

3. 中国环保政策趋紧

2016年以来,中国在环保方面出台了一系列政策,将碱法生产的钨渣列为危废品,并采取实际措施对钨行业进行整顿。2016年7月和2017年4月,中央环保督察组分别进驻钨的主产地——江西省和湖南省,要求两省部分钨矿生产和加工企业停产待查,而两省钨精矿产量占全国钨精矿总产量的60%。在环保日趋严格的情况下,其钨精矿供给短期难以释放。

(二)全球钨需求量有所上升

1. 海外企业补库存意愿加强

自2017年7月初以来,鹿特丹港75%的钨铁价格上涨了52%,超过了彭博商品指数中所有22种主要材料,超过其他所有主要金属的表现,体现出海外企业补库存意愿增强。

2. 硬质合金需求增长拉动消费

硬质合金作为工业的"牙齿",与道路建设、轨道交通、建筑、机械制造等行业联系紧密,主要应用在切削刀具(33%)、地质矿山工具(25%)、模具(8%)和耐高压高温用腔体(9%)等方面(图8-4)。

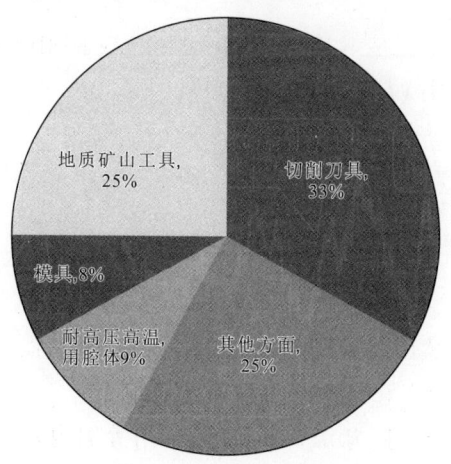

图8-4 硬质合金的消费结构

(数据来源:前瞻产业研究院)

旺盛的硬质合金终端需求会导致对钨资源需求的增加。

(1)中国切削刀具对硬质合金的需求量逐年提升。2017年,切削刀具对硬质合金的需求量突破 1 万 t。随着我国将成为汽车、大型飞机、船舶、电子元器件、大规模集成电路、高档数控机床等关键成套设备和先进科学仪器的制造基地,到 2023 年,切削刀具对硬质合金的需求量将达到 13 600t 左右。

(2) 中国地质矿山行业的迅速发展,带动了地质矿山工具行业的需求,地质矿山工具行业对硬质合金需求量也呈增长态势。2017 年,地质矿山工具行业对硬质合金需求量增长至 8000t 左右。预计到 2023 年,地质矿山工具行业对硬质合金的需求量将达到 1 万 t 左右。

(3) 人造金刚石产销量的增长带动了对耐高压高温用腔体的需求。预计到 2023 年,耐高压高温用腔体领域对硬质合金需求量将达到 5000t 左右。

3. 特钢产量增长支撑钨消费

特钢作为钨的另一个主要消费领域,约占钨消费量的 28%,钨在高速工具钢中的质量占比约为 7%。目前我国特钢产量占钢材总产量的比例较低,与发达国家差距较大。2016 年,我国特殊钢产量约 3 725.51 万 t,仅占我国 2016 年粗钢总产量的 4.61%;同年,日本特殊钢产量达 2 403.40 万 t,占同期日本粗钢产量的 22.94%,是我国特钢占比的近 5 倍。随着我国钢铁工业转型升级,特钢产量占比将稳定提升,长期来看对钨消费有拉动作用。

总体而言,全球钨市场供大于求的局面将得到改善,供需差额将会明显缩小。作为"中国优势"金属之一,中国重夺定价权的努力正在持续推进,在全球钨产业链中获取更多的利润空间是我国政府的必然诉求。从中国政策法规力度与钨产业格局来看,钨的供应将趋于有序与节制;而下游需求在转型期将迎来高速增长期。进入 2017 年以来,国内 65% 的钨精矿价格已经上涨了 73%,达到 110 000 元/t。钨行业正迈入新一轮景气周期,钨价的向上趋势有望长期延续(图 8-5)。

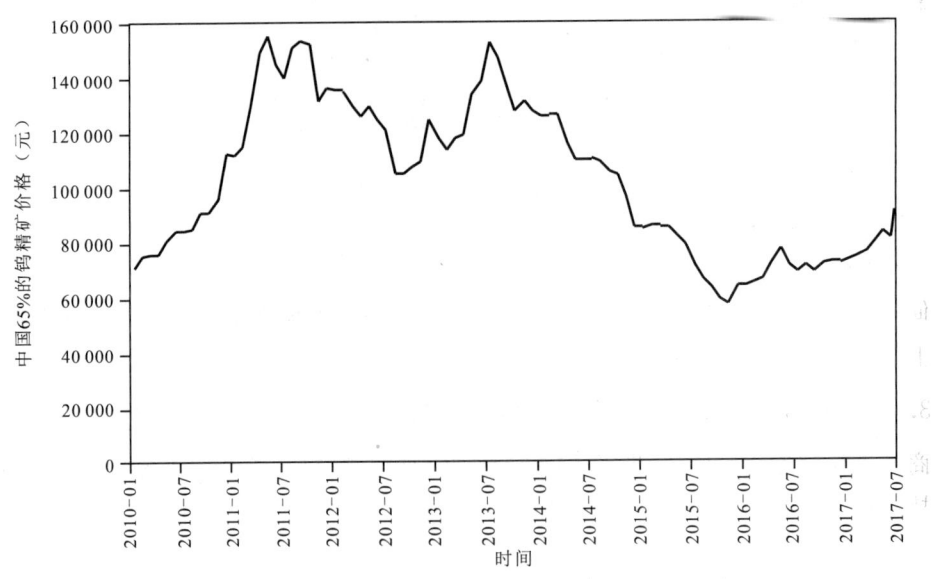

图 8-5　2010—2017 年中国 65% 的钨精矿价格

(数据来源:全球矿产资源信息平台)

2018年初，钨价将会继续上升至120 000元/t。随着钨价步入合理区间，市场供给和需求逐渐稳定，2020年以前，钨的价格将在100 000~130 000元/t之间波动。

二、锡价格

1. 短期内精炼锡供需基本平衡

2017年，全球精炼锡的供需基本平衡。2016年，全球精炼锡产量31.95万t，消费量35.04万t；2017年，产量34.06万t，消费量35.30万t，供需基本平衡。2017年，中国精炼锡产量16.8万t，消费量16.7万t，供需基本平衡（表8-3）。

表8-3 2012—2017年精炼锡供需情况

地区	项目	精炼锡供需情况（万t）					
		2012年	2013年	2014年	2015年	2016年	2017年
全球	精炼锡产量	33.56	34.05	36.42	33.63	31.95	34.60
	精炼锡消费量	34.21	34.89	35.85	34.69	35.04	35.30
	供需缺口	−0.65	−0.84	0.57	−1.06	−3.09	−0.7
中国	精炼锡产量	14.81	15.61	17.98	16.69	15.35	16.80
	精炼锡消费量	17.65	16.61	18.55	17.64	17.88	16.70
	供需缺口	−2.84	−1	−0.57	−0.95	−2.53	−0.1

注：2017年为安泰科预测数据。

（数据来源：USGS、安泰科）

2. 主产国不确定因素加剧价格波动

（1）印度尼西亚是全球最大的精炼锡出口国，近年来该国政府通过出口许可证、开采许可、提高锡出口纯度等方法保护本国的锡资源，同时规定锡矿出口必须经国内交易所唯一途径。这一系列资源保护政策均对国际锡价格的上涨起到了助推作用（图8-6）。

（2）缅甸静态锡储量仅为11万t，按照目前每年3.3万t的产量，静态年限不足4年，并且缅甸是掠夺式开采，极大地损害了矿山可采寿命，预计未来缅甸因素也会成为助推国际锡价格上涨的因素。

3. 锡库存接近历史低位，存在供需不足风险

商业库存接近历史低位、供需重回不足、需求稳步增长而供给品位逐步下降，共同构成锡价持续高位的逻辑。全球锡的静态可采年限为16年，是基本金属里可采年限最短的品种。并且近年来全球未发现大型锡矿，动态增储量低。考虑到2017年中国供给继续受到环保因素限制，需求端马口铁和锡焊继续小幅增长，2017年库存进一步降低，6月LME锡库存仅为1750t，接近历史低位（图8-7）。

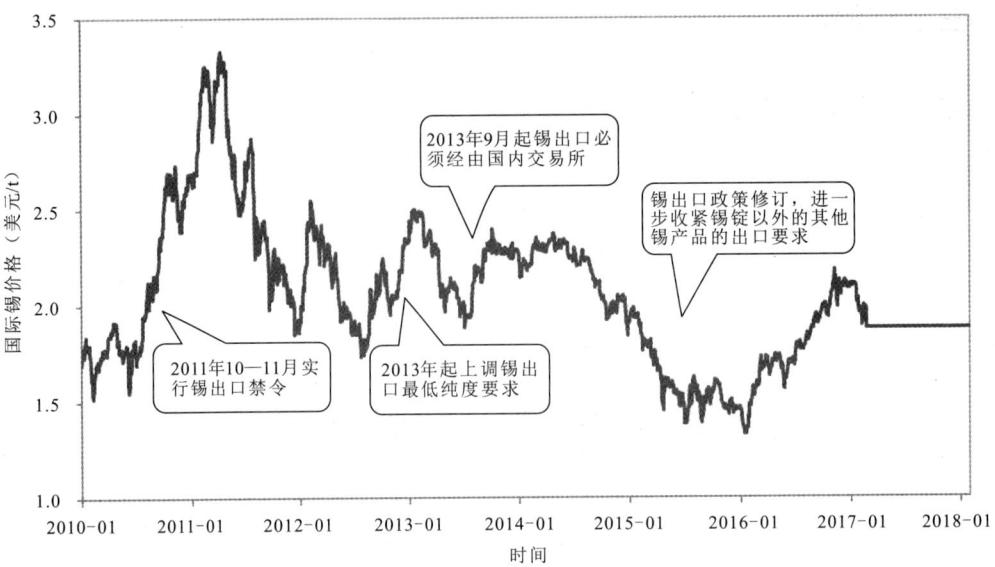

图 8-6　印度尼西亚政策与国际锡价格波动关系

（数据来源：LME、海通证券研究所）

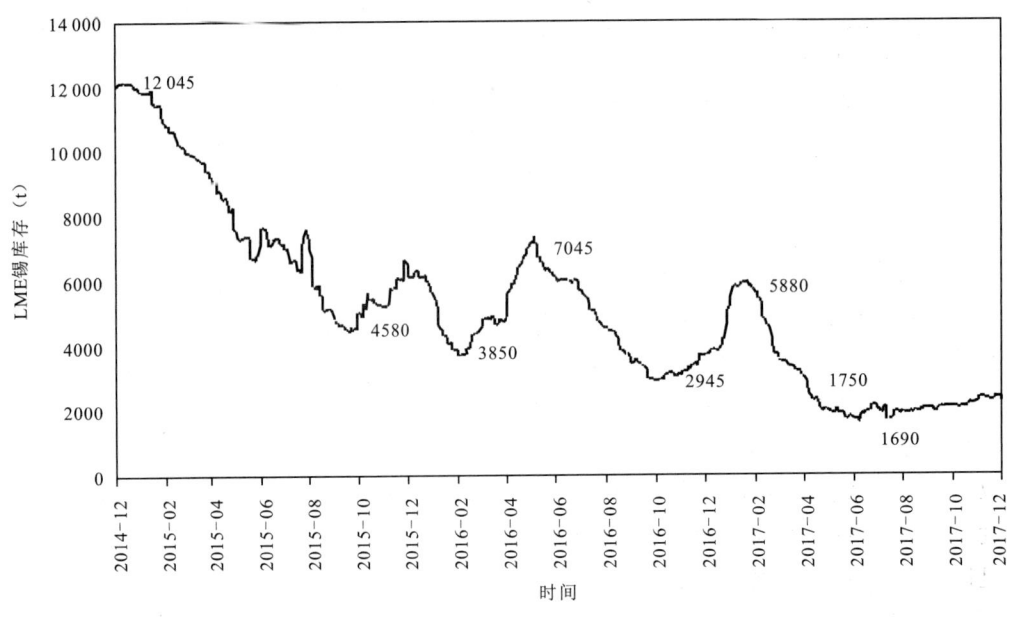

图 8-7　2014—2017 年 LME 锡库存变化

（数据来源：WIND）

基于供需基本面、主产国贸易政策、市场商业库存等因素，预测未来两三年锡价格会逐步上升，2018—2020 年预计回升到 21 000～24 200 美元/t。

三、锑价格

自2011年以来,锑价经历了长达5年之久的下行期,2011年初—2015年底,锑锭价格从86 167元/t下跌至33 978元/t,跌幅达61%。2016年以来,随着产业调整不断深化,下游需求企稳,锑锭价格一路回升。截至2017年12月28日,锑锭价格51 000元/t,较2016年初的34 929元/t上涨了46%(图8-8)。

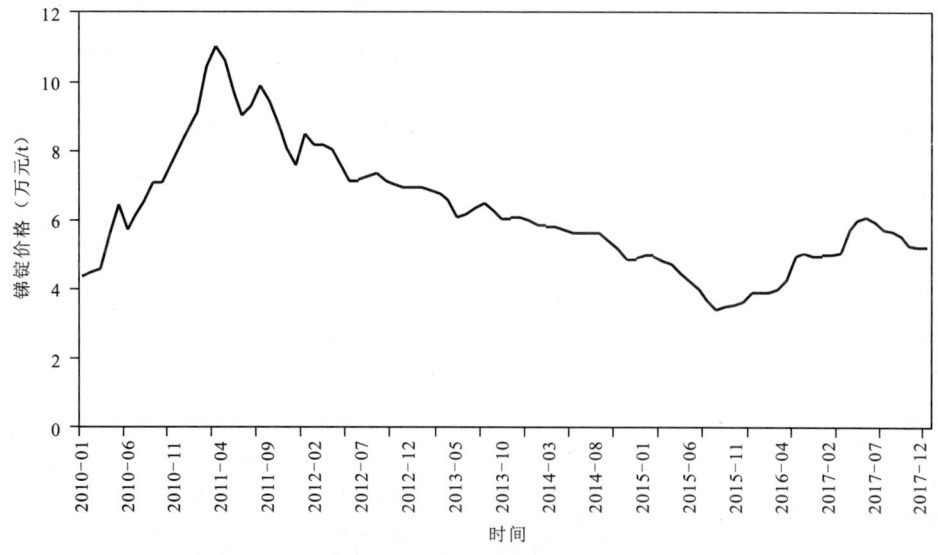

图8-8　2010—2017年长江现货锑锭价格走势

(数据来源:长江有色金属网)

供应方面,为了加强环境保护、合理利用资源,2015年4月湖南省强制关停了1座矿山和8家冶炼厂,至2015年9月底,超过一半的冶炼产能被闲置。受该举措影响,2016年中国锑矿产量10万t,较2015年下降1万t,继续了自2012年以来的下降趋势。此外,2016年,国家物资储备局对锑进行收储,购买了1万t锑用于国家储备。可以预见,未来中国对锑的供应不会有大的增长。为了降低对中国锑资源的依赖,国外许多国家加大了对锑矿的勘查力度,旧矿山纷纷恢复生产、扩大产能。但是,国外新增产能的集中释放尚需时日,短期内还不足以补充中国减少的锑矿供应(表8-4)。

表 8-4 主要锑生产国的未来产能趋势

国家和地区	2016 年锑产量(万 t)	锑 E 年产能(万 t)	供应趋势
中国	10	约 17(冶炼产能)	2015 年以来冶炼产能降低 5 万 t 以上,占总产出的 30%,环保压力下未来供应仍然趋紧
俄罗斯	0.9	36(锑矿石),0.8(锑金属)	6000t/年的新冶炼厂计划开工
澳大利亚	0.35	1.5	1 万 t 产能处于维护状态,未来供应难以增加
南非	0	0.7	2015 年底,唯一的锑厂商破产,未来不确定
玻利维亚	0.4	1.01;0.19(氧化锑)	资源勘探无突破,供应难以增加
塔吉克斯坦	0.8	35.05	NA
吉尔吉斯斯坦	NA	3.04	NA
秘鲁	NA	0.07	2009 年停产
土耳其	0.25	10	近年锑矿勘查较为活跃
阿曼	0	2(锑金属和氧化物)	2017 年底,年产能 2 万 t 锑金属和氧化物的公司投产
美国	0	NA	2016 年加拿大矿业公司对爱达荷洲的锑金矿床进行钻探验证,该矿床储量约为 6 万 t
越南	0.1	NA	锑品生产企业增多,未来供应增长的潜在动力

注:NA 为数据资料不可得;E 为估计值。
(数据来源:USGS)

需求方面,2016 年全球锑消费量 18.8 万 t,较 2015 年的 18.4 万 t 略有增加,亚洲国家尤其是中国是全球锑消费量增长的主要动力。阻燃剂和铅酸电池是锑的两大消费领域,未来两个领域对锑的需求不会减弱。据 ROSKILL 预测,到 2020 年全球锑消费将达到 20.6 万 t,届时亚洲的消费份额为 60%。

在未来中国锑供应趋紧、国外产能扩张滞后、需求稳定的基础上,未来 3 年锑价将主要受需求制约,不会大涨大跌,在 7000～8000 美元/t 的区间内缓慢上升。

四、钼价格

1. 钢铁产量逐步回升,钼需求未来增加有支撑

钼的下游主要与钢铁相关。钼作为典型的铁合金,下游 75% 与钢铁行业密切相关,其中

35%来自建筑用钢需求。2017年,国内粗钢产量12 877万t,同比增长5.8%。百川资讯统计,2017年2月国内21家不锈钢生产企业总产量177.82万t,环比小幅下滑1.75%,环比降幅较2017年收窄9.71个百分点。国内粗钢产量增幅扩大及不锈钢产量增速启稳利好,钼的需求也会同步增加(图8-9)。

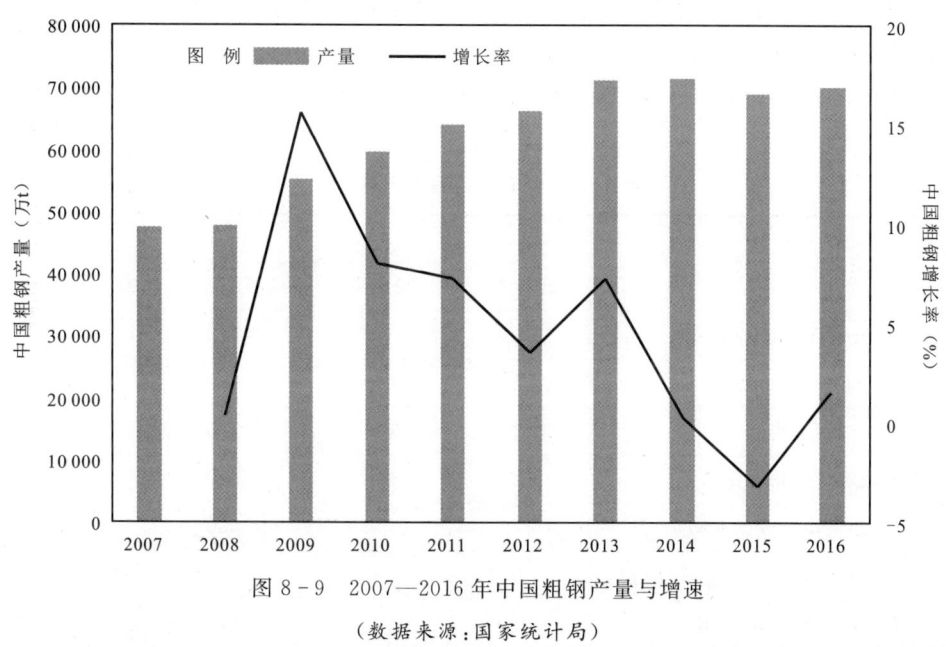

图8-9 2007—2016年中国粗钢产量与增速

(数据来源:国家统计局)

从钼的终端消费上看,不锈钢、石油等产业为主要下游需求来源。全球钼精矿的需求集中在欧洲、美国和东亚,其中中国需求量占到全球需求总量的36%。未来,随着全球经济逐渐复苏,加上中国经济新常态化的恢复,中国钢铁行业将进入顶部振荡期,全球钼精矿的供需也仍将维持缓步上升、平衡的态势,预计2020年钼消费量将达到27万t左右(图8-10)。

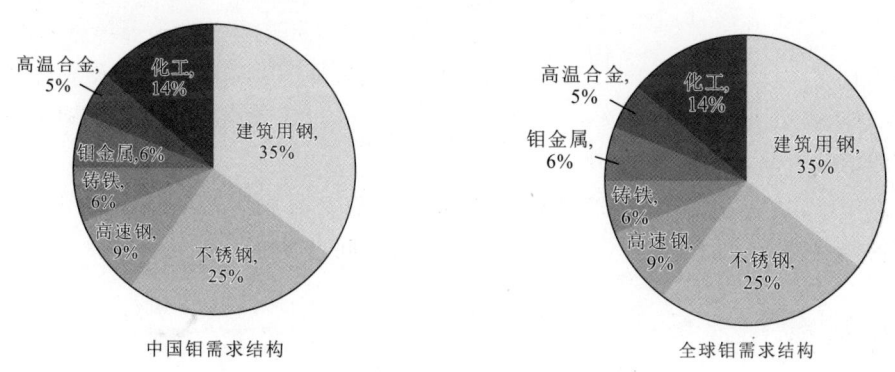

图8-10 中国和全球钼需求结构对比图

(数据来源:钢联资讯)

2. 全球钼资源供给在逐步收缩

受前期矿价低迷影响,2016年全球钼产量较2015年下滑4%,前九大钼企业钼产量同比下滑9%~10%。目前国内钼精矿生产平均成本1200~1300元/吨度左右,低于钼精矿1125元/吨度的市场价格,企业生产动力不足。2017年钼金属价格有所回暖,按照矿山扩产需要18~24个月的周期来看,海外新增钼产能比较有限(表8-5)。

基于供给需求基本面,预计2018年钼精矿价格超过1500元/吨度的难度较大,2018—2020年,钼精矿价格将在1500~1700元/吨度的区间内小幅波动,不会发生大的变化。

表8-5 全球主要钼生产商产量

主要钼生产商	钼产量(t)			
	2014年	2015年	2016年	2016年同比(%)
美国Freeport-McMoRan铜金公司	43 092	40 368	33 112	-17.98
智利Codelco公司	30 628	27 683	31 000	11.98
墨西哥集团	23 120	23 368	21 736	-6.98
金堆城钼业股份有限公司	17 640	18 911	17 000	-10.11
洛阳栾川钼业集团股份有限公司	16 720	16 999	16 000	-5.88
加拿大Thompson Creek金属公司	11 930	0	0	—
智利Los Pelambres矿	7900	10 100	7100	-29.70
力拓集团美国kennecott公司	11 500	7600	2800	-63.16
秘鲁Antamina矿	1417	1399	3298	135.74
合计	163 947	146 430	132 046	-9.82

第九章　现状、挑战与机遇及对策建议

- 行业集中度低,产业结构不合理,超采严重等导致资源优势未能转化为经济优势。
- 钨、锡、锑、钼资源保障程度逐现短缺趋势。
- 绿色发展对有色金属勘查提出了更高要求。
- 传统需求增长缓慢,新兴应用有待发展。
- 供给侧结构性改革为有色金属产业转型提供了机遇。
- "一带一路"助推中国企业"走出去"和产能转移。
- 港交所收购LME有助于中国提高国际有色金属定价权。
- 加强二次资源回收利用是提高资源保障程度的重要途径。

第一节　现状资源优势未能充分发挥,缺乏国际定价权

一、现状资源优势未能充分发挥,缺乏国际定价权

我国是钨、锡、锑、钼的生产大国,钨、锑产量占全球比例高达82%和79%。我国在有色金属贸易定价过程中持续遭到进口国压价,长期处于被动地位,资源优势并没有带来应有的经济效益。

2017年上半年,我国钨行业销售收入304亿元,实现利润27亿元,同比增长116.90%;而同期世界最大刀具公司——瑞典Sandvik公司的销售收入达到363亿元,营业利润为146亿元,分别是我国钨行业的1.19倍和5.42倍(图9-1)。

生产分散无序,行业集中度低

生产分散无序是定价权缺失的内部原因。生产企业进入门槛低,企业数量多、规模小、无序开采、恶性竞争曾经是钨、锡、锑、钼4个行业的通病。近年来,国家通过矿管、安全、环

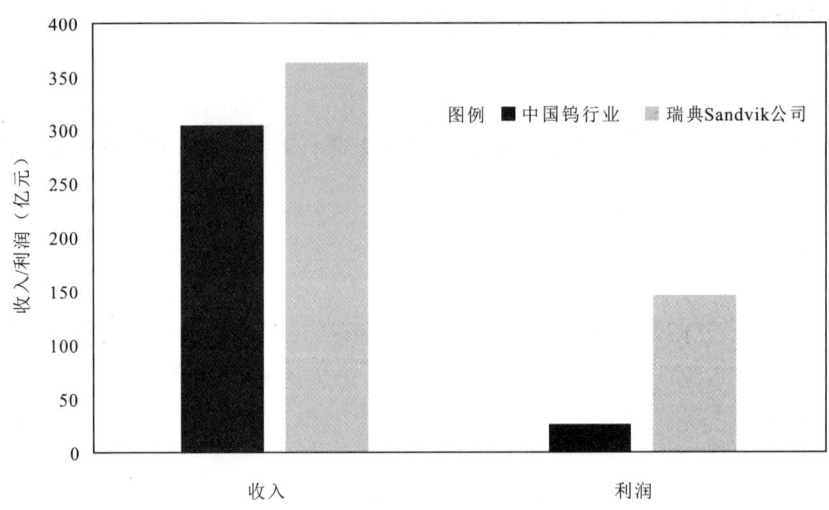

图 9-1　中国钨行业和瑞典 Sandvik 公司的收入、利润对比

（数据来源：中国钨业协会、瑞典 Sandvik 公司年报）

保三大门槛，对锑行业进行整顿，小企业纷纷倒闭退出。2002 年，我国钨矿山企业 248 家，2010 年减少至 132 家。这种分散的市场结构严重削弱了中国在全球有色金属贸易中的谈判地位。

2005 年，全国锑金属产量 137 235t，其中排名前 6 位企业（锡矿山闪星锑业、湖南辰州矿业、常德辰州锑品、柳州华锡集团、云南木利锑业、广西河池南方有色冶炼）的产量占全国总产量 47.2%；2016 年行业集中率 CR_6（concentration ratio，6 指产量排名前 6 位的企业）提高到 80% 以上，国家加大整合力度的效果已经初步显现（图 9-2）。

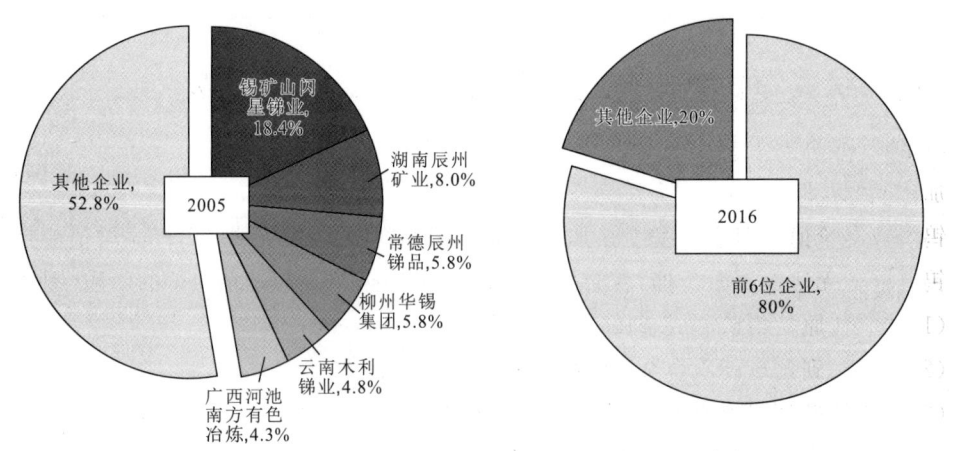

图 9-2　2005 年和 2016 年全国锑生产企业行业集中度

（数据来源：行业数据整理）

二、产业结构不合理,产品科技含量低

产业结构不合理、产品科技含量低是定价权缺失的重要原因。中国是钨、锡、锑、钼的资源大国,在"原矿—精矿—冶炼产品—功能材料—器件—终端产品"的全产业链中,上游环节(采选、冶炼、分离)具有明显优势,但产业链下游缺乏核心技术,尤其是对高附加值的新材料创新能力不足。

全球钨贸易产业链中,中国长期处于中上游位置。我国深加工企业在技术水平、市场竞争力、产品附加值等方面与世界先进企业相比仍有巨大的提升空间。2016年,我国硬质合金的出口量为6906t,位居世界第一,交易金额为4亿余美元,德国出口硬质合金2364t,但交易额却高达9.46亿美元,说明我国硬质合金的单位价值非常低,仅为德国的14%(图9-3)。

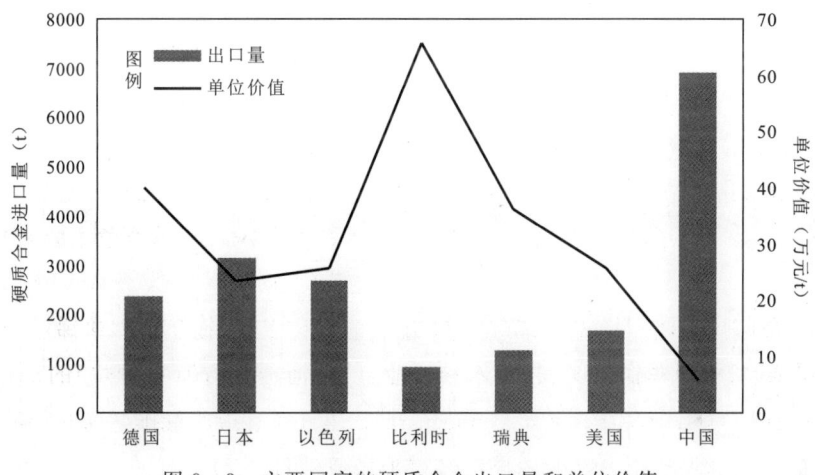

图9-3 主要国家的硬质合金出口量和单位价值

(数据来源:UNCD)

美国、日本及德国等发达国家的钨资源储量和产量较少,原矿及初级产品主要依靠进口,但凭借其先进的工艺和集约化的生产,牢牢占据了钨品的下游供应市场,并获取了高额的附加值利润(图9-4)。

钨产业链价值增值主要发生在加工产品领域,越在产业链后端,钨产品增值幅度越高。我国钨产业若无法向下游延伸,就会始终面临大而不强、产品附加值过低的问题(图9-5)。

(1)从最初原料精矿制成金属粉末,产品增值1.5倍左右。

(2)从精矿到普通硬质合金,产品增值2.5倍左右。

(3)从钨精矿到钨丝等加工产品,产品增值3.3倍左右。

(4)若提高到硬质合金数控刀具等精深加工领域,产品增值几十倍甚至数百倍。

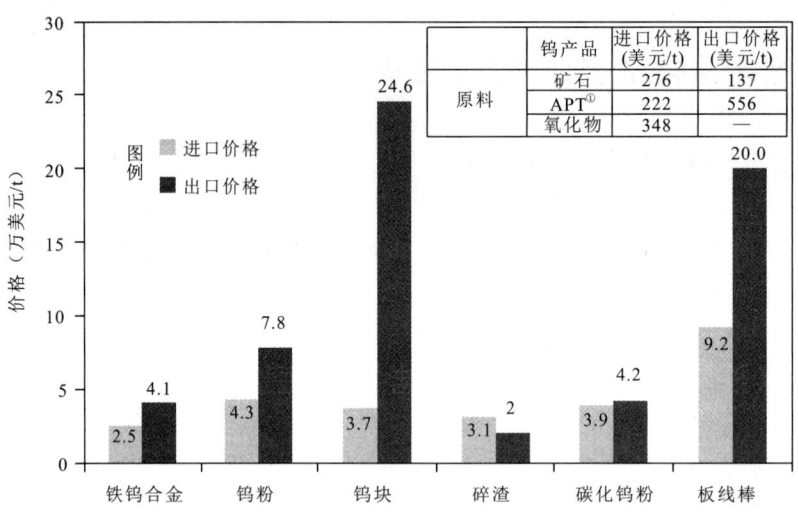

图9-4 日本钨产品进口、出口价格
（数据来源：JOGMEC）

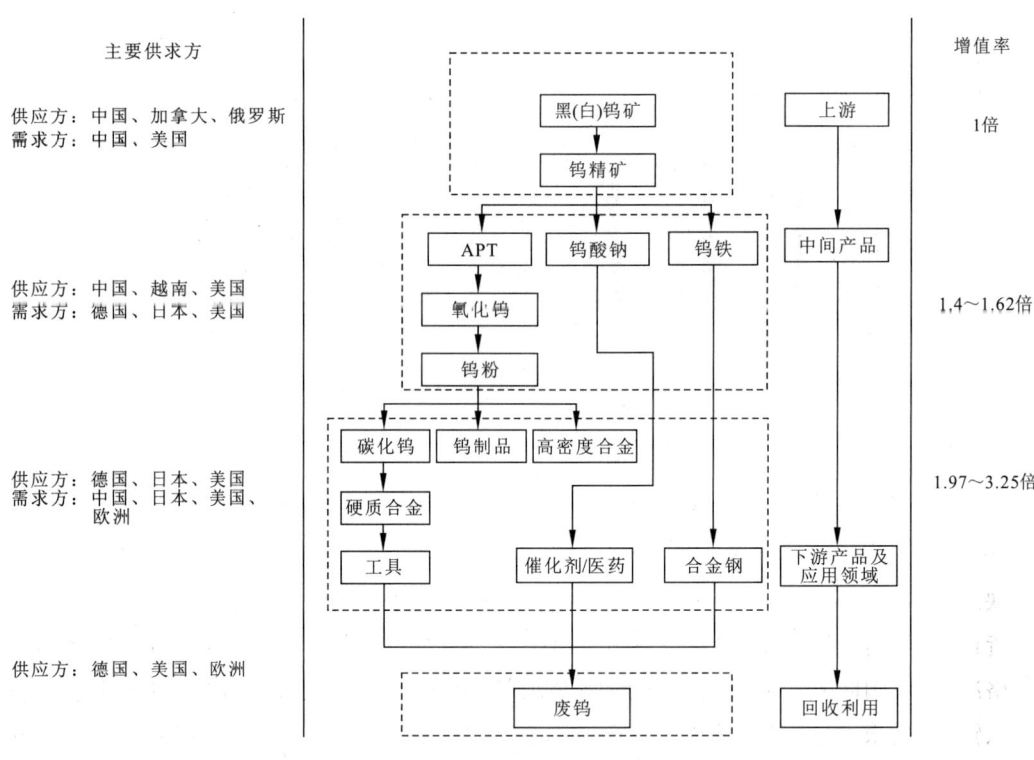

图9-5 钨资源全球产业链

① APT的全称为ammonium paratungstate，仲钨酸铵，为洁白色晶体，微溶于水。

三、产量未能得到有效控制,超采严重

我国自 2002 年开始对钨矿开采实行总量控制政策,从趋势上看,钨开采总量指标总体呈现随着需求而小幅上涨,2002 年开采指标 4.37 万 t,2016 年增加到 9.13 万 t。但从钨精矿的实际产量可以看出,总量控制执行效果并不理想,超指标、无指标生产依然存在,政策实施后每年的实际产量均超过开采指标,且超采比例较高,2002—2016 年平均年超采 56%,2016 年钨精矿实际产量 14 万 t,超采 53%(图 9-6)。

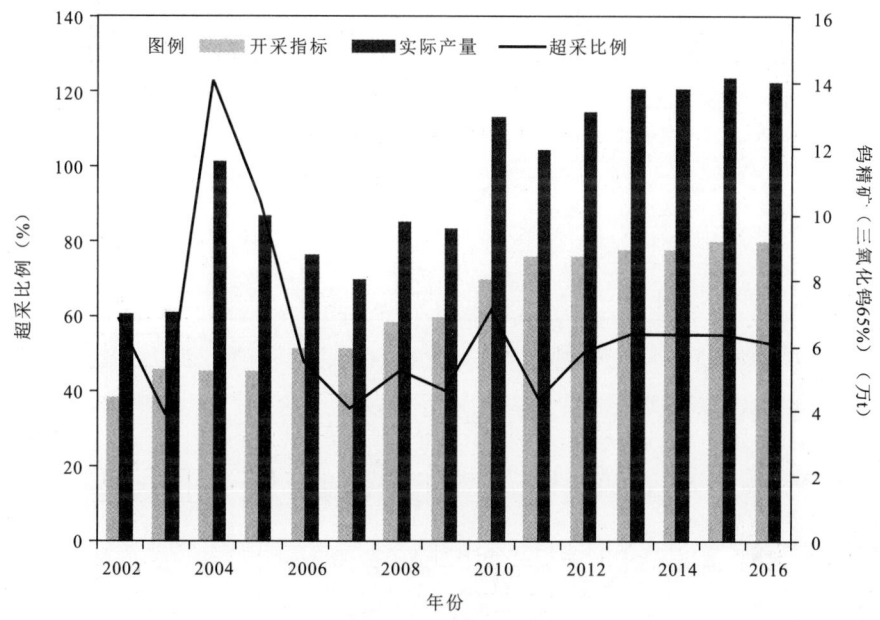

图 9-6 2002—2016 年中国钨精矿产量与开采指标对比

(数据来源:有色金属工业协会,原国土资源部)

上海期货交易所的国际影响力有待提高

缺乏定价中心是我国有色金属缺乏定价话语权的重要原因。国际上大宗商品定价基本由期货市场决定:国际铜价格以 LME 期货价格为定价标准,国际石油价格由纽约和伦敦期货价格决定,而国际农产品价格由芝加哥期货交易价格决定。目前,我国期货市场除锡产品外,钨、锑、钼均未上市交易,导致生产企业不能通过价格发现及时预测和掌握价格走势,更加无法对有色金属价格产生重要影响。

LME 认证仓库对矿产品交易价格产生重要影响。LME 通过在各地批准的仓库和存储设施完成实物交割,目前全球共有 701 个认证仓库,主要分布在荷兰、美国、韩国、比利时、马来西亚等国家(图 9-5)。2015 年,全球有 600 多个认证仓库完成了 500 多万 t 金属的实物

出入库。目前来自中国客户的交易量占 LME 交易总量的 3 成以上,但由于 LME 目前在国内还没有认证仓库,国内的客户在参与 LME 交易后如果需要进行实物交割,就只能把货从海外 LME 认证仓库运回国,或者把货运到海外 LME 认证仓库,并为此支付高额的海运费用,交割的时间成本和经济成本都大大增加。国内的客户甚至会因为交割困难被国际交易对手"挤仓"而不得不让利平仓。正是因为这些额外的成本,国内客户在参与国际大宗商品的交易和定价时,已经输在了起跑线上(图 9-7)。

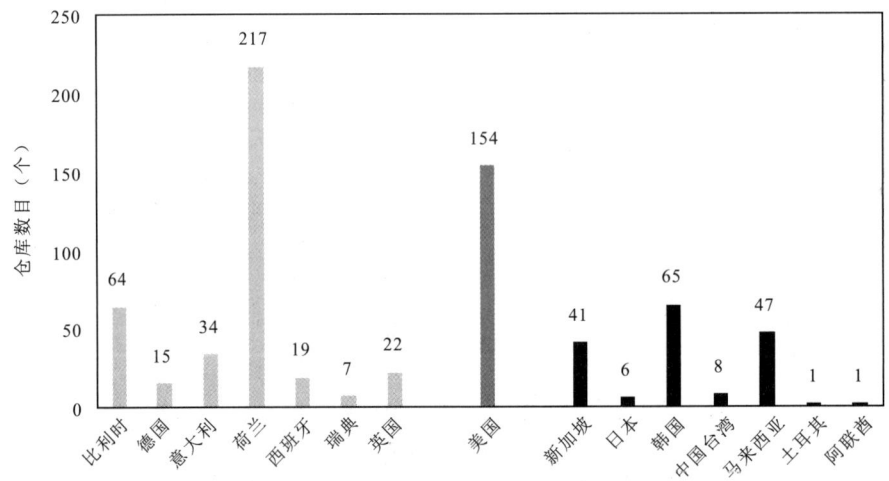

图 9-7　LME 全球认证仓库分布

(数据来源:LME)

第二节　挑战

一、资源保障程度逐现短缺

我国是钨、锡、锑、钼的资源大国和生产大国。2016 年,我国以全球 61％ 钨资源供应了 82％ 钨产量,以 23％ 锡资源供应了 36％ 锡产量,以 35％ 锑资源供应了 77％ 锑产量,以 56％ 钼资源供应了 40％ 钼产量。除钼以外,其他 3 个矿种的产量份额均远高于储量占比。长期的过度开采导致我国有色金属资源的静态保障年限不容乐观,仅钼资源的静态保障年限呈上升趋势,且储产比高于全球平均水平。未来国内对有色金属的需求仍将保持稳定增长,这势必会对国内资源保障提出更加严峻的挑战(图 9-8)。

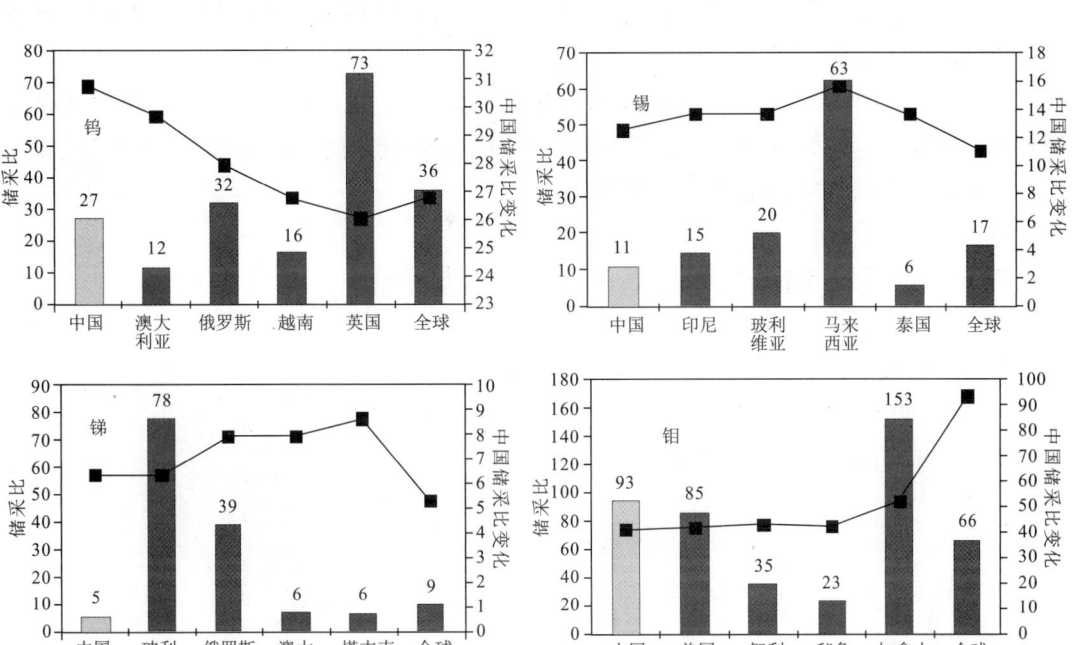

图 9-8　2016 年主要国家有色金属储产比及中国变化趋势

（数据来源：USGS）

二、绿色发展对有色金属勘查提出了更高的要求

《中国制造 2025》将绿色发展作为重要指导思想，提出加强节能环保技术、工艺、装备推广应用，全面推行清洁生产，发展循环经济，提高资源回收利用效率，构建绿色制造体系，走生态文明的发展道路。十九大报告明确指出"必须坚持节约优先、保护优先、自然恢复为主的方针，形成节约资源和保护环境的空间格局、产业结构、生产方式、生活方式，还自然以宁静、和谐、美丽"。

绿色发展作为今后发展的主旋律，对矿山企业的生产方式和生产技术提出了更高的要求，必须摒弃过去粗放型的开采方式，集约利用资源，提高生产技术，使矿山环境保护与恢复治理的力度跟上环境破坏的速度，环保要求不达标的生产企业注定会被淘汰。《有色金属工业发展规划（2016—2020 年）》明确提出，"锑冶炼采用富氧强化熔池熔炼等先进技术淘汰鼓风炉等落后装备，降低能耗，无害化处置砷碱渣，提高回收率。"《锡、锑、汞工业污染物排放标准》对锑行业划分了新的更严格的标准；《镍、锡、锑、石膏和滑石等矿产资源合理开发利用"三率"最低指标要求》对开采回收率、选矿回收率、共伴生矿综合利用率做出了限定；《锑行业清洁生产评价指标体系》将锑矿采选企业、锑冶炼企业和锑品（锑白）生产企业划分为 3 个等级。预计未来环保督查将查处遗留的不合格锑矿采选和锑冶炼产能。日趋严格的环保标准要求锑行业企业要研发核心关键装备和清洁生产工艺,提升行业整体清洁生产水平,增强行业可持续发展能力。

2013—2017 年,国务院新增 100 个国家级自然保护区,2016 年新增 240 个县纳入国家重点生态功能区。中央、各部门的政策对生态环境保护的要求越来越高,矿产勘查的门槛不断提高,有色金属矿产勘查的空间被不断压缩。

三、传统需求增长缓慢,新兴应用有待发展

焊料应用成为锡消费的主流,占我国锡消费总量的 65%,但是电子行业的周期性疲软及产品小型化趋势给锡焊料需求的增加带来了极大压力。目前中国锡资源消费主要集中在锡焊料,占到 65%。国际锡业协会预计,未来 8 年内,由于电子产品微型化、马口铁低涂层化等的主要需求减少,精炼锡的应用量将进一步下降(图 9-9)。

未来锡需求的增长点对新兴应用的依赖程度将日益增高,将有更多的锡作为催化、传感、光电、能源存储材料广泛应用于现代社会当中。目前全球众多研究机构对锡的应用研究主要集中在锡太阳能薄膜、纳米氧化锡锂离子电池、锡基催化材料等领域(表 9-1)。

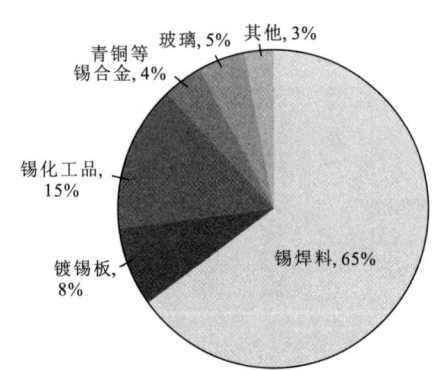

图 9-9 中国锡消费结构

(数据来源:海通证券研究所)

表 9-1 未来锡金属新兴应用

产品	应用领域
热电转换材料	锡与其他元素结合并加热时,能够发挥多种神奇功效。目前正在研发可将热量转化为电能的新型材料。其他含锡材料可具有磁性并能移动。该技术可搜集利用废热进行循环发电(例如:汽车尾气)
太阳能薄膜电池	目前太阳能电池使用昂贵和稀有的元素,比如镓。锌黄锡(包含 30% 的锡),是第一个在 IBM 的研究实验室中通过 10% 效能障碍的材料
锂离子电池	锡作为阳极材料,锡基复合体系的容量要显著高于传统的石墨阳极。包括索尼、3M 和三菱公司在内的锂离子电池主要生产商,旗下的商务电池均可能采用锡基阳极材料
燃油催化剂	以锡合金球为基础的燃料催化剂可以大幅削减有毒废气的排放。尽管目前锡在该领域的使用量每年只有数十吨,但是产品重新设计所带来的催化效能提升,将有助于将锡消费量提高到每年 5000~10 000t
动物保健品	就美国而言,每年该领域锡用量达到 500~1000t。未来包括人类保健品在内的研制开发也已经列入了考虑范畴

第三节 机遇

一、供给侧结构性改革为有色金属产业加快转型提供了机遇

供给侧结构性改革将扭转长期以来行业产能过剩较严重的格局,推动上下游一体化的生产格局,对附加值低的生产企业造成一定冲击。随着产业转型升级与供给侧改革深化,严控环保是大势所趋,将对有色金属各细分行业的经营产生较为显著的影响,部分中小矿企、冶炼厂等将面临减产、关停的压力,提高产业集中度,从而对金属价格形成有力支撑。

从中央环保督察组近期的行动来看,钨、锡行业受影响较大。因 APT 生产工艺问题,相关钨行业普遍停产,且未来有停产改造或彻底退出的可能;锡行业受环保督查政策及设备检修等的影响,云南、广西、江西地区锡冶炼出现大面积暂停生产,停产产能占全球总产量的45%。环保督查在进一步推动供给侧改革落实的同时,加速了落后产能的退出。

二、"一带一路"倡议助推中国企业"走出去"

一方面,"一带一路"区域具有丰富的钨(6%)、锡(36%)、锑(26%)、钼(6%)资源,资源开发潜力很大,可借助该倡议加快中国矿业投资"走出去"勘查海外资源,缓解我国有色金属资源保障能力不足的压力(图 9-10)。

另一方面,我国有色金属产业呈现矿产资源供应及下游高端产业不足、冶炼加工能力强的局面,而"一带一路"区域的国家正处于快速工业化建设阶段,特别是"孟中印缅"及"中新"经济走廊带国家,将成为中国之后全球矿业发展的新引擎。这些国家和地区具有丰富的人力资源、低廉的劳动力成本和极具潜力的海上运输成本,诸多有利条件无疑给国内富余的有色金属产能带来了新契机。

三、港交所收购 LME 有助于中国争夺有色金属定价权

港交所并购 LME 之后根据中国和亚洲经济发展的需要,上市以人民币计价的金属和农产品等衍生产品,为投资者消除了汇率风险,降低了期货交易成本。通过不断发展新业务、新产品,港交所将逐步确立能够反映亚太地区供需的大宗商品及金融衍生品价格体系,吸引大批资金进入市场,推动中国期货市场的建设实现跳跃式的发展,进而提高我国在有色金属定价权上的影响力。

港交所目前正积极争取在国内设立 LME 认证的交割库,以降低国内实体企业参与国际

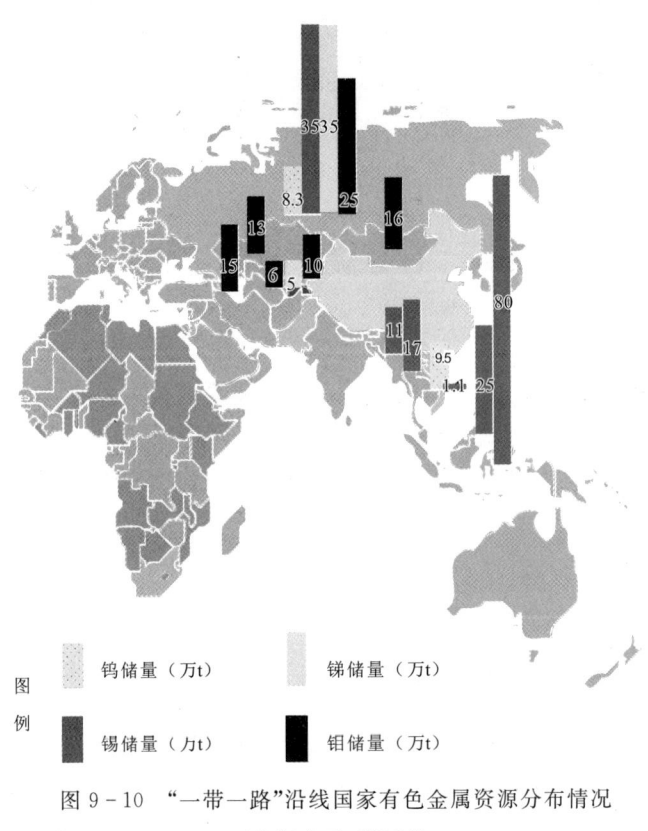

图9-10 "一带一路"沿线国家有色金属资源分布情况

(数据来源:USGS)

金属交易的成本,服务实体经济;同时正在积极推进海外大宗商品现货交易平台的建设,促进内地大宗商品市场的"实体化"。从长远来看,这些举措都将有助于中国在国际大宗商品市场上赢得与其经济实力相匹配的定价权。

四、二次资源回收利用是提高资源保障程度的重要途径

我国是有色金属消费大国,但是资源回收利用环节十分薄弱。2013年,美国再生钨产量8600t,占表观消费量的59%,而我国再生钨产量约占钨总用量的10%;2010年,我国再生锑产量4264t,而世界再生锑的生产水平可达5.5万~6万t;工业发达国家再生锡量可达原生锡产量的60%以上,我国目前再生锡的回收水平仅为40%左右;2016年,美国钼供应的30%来自二次回收。近年来,欧、美、日等发达国家不断加强对再生资源的回收利用,逐步减少原生矿产量,再生金属已经成为发达国家金属供应的主要来源。我国在二次资源回收利用上与发达国家相距甚远,存在很大的发展空间,加快推进高效的资源循环利用体系将在很大程度上缓解资源供应不足的压力。

国家已经出台相关政策支持企业强化技术创新和管理,全面推行循环生产方式,促进企

业、园区、行业间链接共生、原料互供、资源共享,推进资源再生利用产业规范化、规模化发展,强化技术装备支撑,提高大宗工业固体废弃物、废旧金属、废弃电器电子产品等综合利用水平。这就为我国发展二次资源产业营造了有利的环境。

第四节 对策建议

一、合理部署国内有色金属勘查,积极参与全球资源配置

(1)政府应以资源保护为主,加大保护力度,在合理划定矿山开采量范围的基础上,继续严控矿山开发规模,加大找矿勘查力度,维持和巩固优势地位,走可持续发展道路。国家制定能源资源全球战略,支撑企业主动参与全球配置,鼓励有条件的企业"走出去"投资开发国外资源,重点关注"一带一路"区域内有色金属资源丰富的东南亚、中亚地区,尽可能通过合资开发、股权并购、工程换资源、战略合作联盟等合作模式参与资源开发,利用自身技术优势,发挥影响力,推进资源供应的多元化。

(2)相关企业要立足国内优势,结合当地市场需求,有序地推进有色金属优势产能和设备走出去,形成国际产能合作与国内转型升级的良性互动。积极参与国际重大基础设施项目合作,带动有色金属行业的装备、技术对外输出。确保国际产能合作项目符合项目所在国的环保、能效等标准。

(3)国家层面,将与我国产能互补性强、合作愿望强烈、基础好的发展中国家作为重点合作对象,并积极开拓发达国家市场。大力推进同"一带一路"国家中有色金属资源丰富的国家进行产能合作,同时积极开拓同欧美发达国家的产能合作,吸收先进技术促进国内相关技术的转型升级,提高有色金属产业全球价值链地位。

二、大力推进产业整合,提高行业集中度

政府要加强行业的宏观调控,提高行业准入门槛,杜绝滥采乱挖、恶性竞争的现象,大力推进产业集中度提升,通过兼并、重组、联合等方式建立龙头企业,做到产、销一体化,提高国际竞争力。随着环保呼声的日益增强,相关部门要加大执法力度、现场监督,确保政策实施到位,对不合格企业进行整顿、处罚甚至关停。龙头骨干企业应带头安装净化设备,改进生产工艺,减少污染物排放。

在推进产业整合的基础上,化解过剩产能,借助"一带一路"倡议机遇,加强国际产能合作,使资源得到合理利用。

三、实现高质量发展,加强技术创新

党的十九大提出,我国经济已经从主要依靠增加物质资源消耗实现的粗放型高速增长,转变为主要依靠技术进步、改善管理和提高劳动者素质实现的集约型增长。未来金属行业,尤其是小金属产业,应当加强科技创新投入。以锑行业为例,在过去30年里,相关部门对锑的科研投入非常少,导致锑行业整体装备技术水平偏低。国家相关部门应加大资金投入,大力支持锑冶炼技术及清洁生产先进技术研究,加强行业规范和准入管理,推动企业提升技术装备水平,优化存量产能。切实发挥市场机制作用,综合运用法律、经济、技术及必要的行政手段,加快淘汰落后产能。加强对严重过剩产能的动态监测分析,建立完善预警机制,引导企业主动退出过剩行业。

加强产品科技研发,提高深加工产品的品种、质量,延长产业链,实现资源利用结构由粗放型向集约型转变。以有色金属行业骨干企业、科研院所为主力,联合下游相关行业组织机构,加快研发、制造更加高端和专业化的有色金属加工产品,全面优化产能结构和市场份额,同时满足新兴高科技行业对有色金属加工产品的多样性和高端化需求。

四、防控有色金属期货市场风险,适时推出小金属期货

防范化解重大风险位居我国目前三大攻坚战首位。金属期货市场在我国市场经济发展中正发挥着越来越重要的作用,但期货市场本身也是一个蕴涵各种风险的市场,为了使期货市场更好更快地发展起来,加强风险防范和控制变得至关重要。因此,应当尽快建立国内金属期货市场风险防范相关机制,防范国际金属期货市场风险传导,降低金属矿产品价格波动带来的经济风险。

目前我国资本市场的结构不合理、市场层次少、交易品种不够丰富的问题仍然比较突出。期货交易公司规模偏小、品种仍然比较单一的问题比较严重。中国应尽快建立钨、锑和钼产品的期货交易市场,提高市场开放度,打造世界性有色金属产品交易中心,争取国际定价权。应尽早在国际交易中大力推行钨、锑等资源性商品的价格指数,构建和完善各类资源性商品期货、现货交易平台,力争在国际资源性商品国际贸易中达成一定的战略平衡。

五、健全战略储备体系,加强二次资源回收利用

收储是保障国家战略资源安全的重要手段,也是平衡和稳定市场价格的有效机制。依据不同金属资源的实际情况,适时建立国家储备、地方储备和企业储备相结合的差异化储备制度,提高产业链上商品价格的调控能力,规避因单一调控某一环节价格而引起的其他环节混乱。基于锡、锑两种有色金属资源保障年限逐年降低的事实,建立一定矿产品和矿产地储备。在构筑完善的资源储备结构的基础上,通过集中化的储备管理体制,有效调控市场秩

序,保障资源供给安全与价格稳定。

21世纪以来,我国对有色金属的高消费使得大量资源从自然界转移至工业社会消费系统,为二次资源的开发利用提供了有利条件。未来10年,我国将迎来有色金属报废回收的高峰期,这也是我国开发利用二次资源、提高国内资源保障程度的有利时期。国家应制定并完善相关政策法规支持二次资源的回收利用,鼓励企业加强技术研发,充分借鉴发达国家的成功经验,加大二次资源回收利用率。

参考文献

边璐,张江朋,宋宇辰,等.国际金属价格指数、广义需求与中国稀土产品价格——基于两市场协整视角下的多因素模型研究[J].资源科学,2014(3):92-93.

陈乐一,张文军.经济周期非对称性波动特征研究进展[J].经济学动态,2015(9):119-130.

陈玉瓷.产业安全视角下我国铁矿石的进口依赖与激励约束机制研究[D].青岛:中国海洋大学,2015.

程前.我国矿业创新融资模式研究[D].北京:中国地质大学(北京),2010.

程欣,帅传敏,严良,等.中国铁矿石进口市场结构与需求价格弹性分析[J].资源科学,2014,36(9):1915-1924.

邓超,袁倩.基于VAR模型的铁矿石国际定价权研究[J].统计与决策,2016(9):162-164.

范松梅,沙景华,闫晶晶,等.中国铁矿石资源供应风险评价与治理研究[J].资源科学,2018,40(3):507-515.

高铁梅.计量经济分析方法与建模:EViews应用及实例[M].2版.北京:清华大学出版社,2009.

耿卫红,陈从喜,王正立,等.全球矿业融资六大交易所概况及其对我国建立风险勘查资本市场的启示[J].国土资源情报,2013(5):45-50.

韩立岩,尹力博.投机行为还是实际需求?——国际大宗商品价格影响因素的广义视角分析[J].经济研究,2012(12):83-96.

郝晓晴,安海忠,陈玉蓉,等.基于复杂网络的国际铁矿石贸易演变规律研究[J].经济地理,2013,33(1):92-97.

华仁海,仲伟俊.对我国期货市场价格发现功能的实证分析[J].南开管理评论,2002,5(5):57-61.

贾立文,徐德义.区域经济、城镇化对铁矿石需求的影响研究——基于27国样本[J].资源科学,2016,38(1):144-154.

贾立文,徐德义.铁矿石需求分析预测能力多模型比较研究-面板模型与灰色模型、协整模型、ARIMA模型[J].资源科学,2014,36(7):1382-1391.

李刚.我国多层次矿业资本市场建设与发展探析[J].中国矿业,2011,20(3):6-9.

李桦兰.中国铁矿石贸易价格的实证分析[D].昆明:云南财经大学,2012.

李靓,穆月英.大宗商品国际市场价格波动的影响因素研究——基于分组国家的比较[J].国际金融研究,2015(10):55-63.

李颖,胡日东.中国房地产价格与宏观经济波动——基于PVAR模型的研究[J].宏观经济研究,2011(2):26-30.

李优树,苗书迪.矿业企业融资的国际比较与分析[J].云南财经大学学报,2013(2):57-63.

李裕伟.矿产品使用强度与矿业发展新阶段[J].中国国土资源经济,2016(9):4-14.

李治国,周德田.基于VAR模型的经济增长与环境污染关系实证分析——以山东省为例[J].企业经济,2013(8):11-16.

廖作鸿,彭会清,李晓昭.基于期权理论的矿产品价格行为研究[J].矿业研究与开发,2005(4):4-6.

林伯强.能源革命促进中国清洁低碳发展的"攻关期"和"窗口期"[J].中国工业经济,2018(6):15-23.

刘建,熊燕.能源价格差异、比较优势与中国出口贸易——基于国际面板PPML模型的经验研究[J].财贸研究,2018,29(2):76-87.

刘金全,范剑青.中国经济周期的非对称性和相关性研究[J].经济研究,2001(5):28-37.

刘立涛,沈镭,刘晓洁,等.基于复杂网络理论的中国石油流动格局及供应安全分析[J].资源科学,2017,39(8):1431-1443.

刘卫东,刘红光,范晓梅,等.地区间贸易流量的产业——空间模型构建与应用[J].地理学报,2012,67(2):147-156.

刘雪娇,刘朔,彭思远.锑矿资源现状及我国锑矿供需形势分析[J].西部资源,2018(3):201-203.

卢锋,李远芳,刘鎏.国际商品价格波动与中国因素——我国开放经济成长面临新问题[J].金融研究,2009(10):38-56.

吕连宏,张保留,谢雪松,等.中国能源生态安全影响评估与政策建议[J].环境科学研究,2018,31(11):1819-1826.

彭颖,陈其慎.全球矿产品定价机制下的利益分配格局分析[J].中国矿业,2014,23(11):9-14.

钱成.铁矿石定价机制研究[D].南京:东南大学,2013.

钱金保,才国伟.多边重力方程的理论基础和经验证据[J].世界经济,2010,33(5):65-81.

任忠宝,王世虎,唐宇,等.矿产资源需求拐点理论与峰值预测[J].自然资源学报,2012,27(9):1480-1489.

邵华南.国际大宗商品期货价格对中国CPI的影响[D].杭州:浙江工商大学,2014.

舒眉.挤压矿石之痛[M].北京:中国经济出版社,2011.

孙丽娜.产业资本与金融资本的融合及其经济效应分析[D].大连:东北财经大学,2011.

孙正,张志超.流转税改革是否优化了国民收入分配格局?——基于"营改增"视角的PVAR模型分析[J].数量经济技术经济研究,2015(7):74-89.

谭威.基于VAR模型的干散货航运市场分析研究[D].大连:大连海事大学,2008.

谭小芬,刘阳,张明.国际大宗商品价格波动:中国因素有多重要——基于1997—2012年季度数据和VECM模型的实证研究[J].国际金融研究,2014(10):75-86.

童爱香,王之泉.全球铜市场未来五年发展展望[J].中国国土资源经济,2015(10):23-27.

王安建,王高尚,陈其慎,等.矿产资源需求理论与模型预测[J].地球学报,2010,31(2):137-147.

王高尚.后危机时代矿产品价格趋势分析[J].地球学报,2010,31(5):629-634.

王劲峰,Fischer M M,刘铁军.经济与社会科学空间分析[M].北京:科学出版社,2012.

王美昌,徐康宁.贸易开放、经济增长与中国二氧化碳排放的动态关系——基于全球向量自回归模型的实证研究[J].中国人口·资源与环境,2015,25(11):52-58.

王庆喜,徐维祥.多维距离下中国省际贸易空间面板互动模型分析[J].中国工业经济,2014(3):31-43.

王瑞鹏,冯晓华.基于VAR模型的新疆城市化动力机制研究[J].企业经济,2013(2):149-153.

王泰强,候光明,李杰,等.中国金属期货市场价格发现功能研究——基于面板协整方法[J].北京理工大学学报(社会科学版),2011,13(5):44-47.

王威.试论国外矿业资本市场格局[J].国土资源情报,2013(5):40-44.

谢飞,韩立岩.投机还是实需:国际商品期货价格的影响因素分析[J].管理世界,2012(10):71-82.

谢晓闻,方意,赵胜民.中国期货市场价格发现功能研究[J].系统工程学报,2016,31(3):364-372.

新华社.中华人民共和国国民经济和社会发展第十三个五年规划纲要[EB/OL].(2016-03-17)[2018-10-01].http://www.xinhuanet.com/politics/2016lh/2016-03/17/c_1118366322.htm.

行伟波,李善同.引力模型、边界效应与中国区域间贸易:基于投入产出数据的实证分析[J].国际贸易问题,2010(10):32-41.

徐斌.国际铁矿石贸易格局的社会网络分析[J].经济地理,2015,35(10):123-129.

徐大丰,朱平芳,刘弘.中国经济周期的非对称性问题研究[J].财经研究,2005(4):13-21.

于左.部分交叉所有权、默契合谋与中国进口铁矿石定价权缺失[D].大连:东北财经大学,2011.

张菡.有色金属价格的动态因子分析[D].上海:复旦大学,2011.

张晶,周海川.国际大米价格互动性与中国粮食安全研究[J].中国人口·资源与环境,2014,24(10):163-169.

张艳飞,陈其慎,于汶加,等.2015—2040年全球铁矿石供需趋势分析[J].资源科学,2015,37(5):921-932.

张屹山,方毅,黄琨.中国期货市场功能及国际影响的实证研究[J].管理世界,2006(4):28-34.

张宗成,王骏.世界铁矿石的生产与贸易和我国铁矿石供需的经济学分析[J].国际贸易问题,2005(9):28-33.

赵腊平.全球能源贸易重心东移需要新的因应[N].中国矿业报,2018-06-12(3).

钟美瑞,谌杰宇,黄健柏,等.基于MSVAR模型的有色金属价格波动影响因素的非线性效应研究[J].中国管理科学,2016,24(4):45-53.

周丹.金砖国家间双边贸易成本弹性的测度与分析——基于超越对数引力模型[J].数量经济技术经济研究,2013,30(3):66-81.

周伟,何建敏.后危机时代金属期货价格集体上涨——市场需求还是投机泡沫[J].金融研究,2011(9):65-77.

周勋.铁矿石国际贸易价格指数化的特征及影响分析[J].冶金经济与管理,2012(2):24-26.

朱学红,谌金宇,彭韬.中国市场的大宗商品金融化测度[J].统计与决策,2016(17):149-151.

朱学红,谌金宇,钟美瑞,等.国际有色金属价格的"中国需求"分解及解释[J].经济经纬,2015(6):65-70.

朱永光,徐德义,成金华,等.国际铁矿石贸易空间互动过程及中国进口策略分析[J].资源科学,2017,39(4):664-677.

邹才能,赵群,陈建军,等.中国天然气发展态势及战略预判[J].天然气工业,2018,38(4):1-11.

Akram Q F. Commodity prices, interest rates and the dollar[J]. Energy Economics, 2009, 31(6): 838-851.

Anderson J E. A theoretical foundation for gravity equation[J]. American Economic Review, 1979, 69(1): 106-116.

Anzuini A, Lombardi M J, Pagano P. The impact of monetary policy shocks on commodity prices[J]. SSRN Electronic Journal, 2010, 9(1232): 119-144.

Baffes J. Oil spills on other commodities[J]. Resources Policy, 2007, 32(3): 126-134.

Bekiros S D, Diks C G H. The relationship between crude oil spot and futures prices: cointegration, linear and nonlinear causality[J]. Energy Economics, 2008, 30(5): 2673-2685.

BP Global. Statistical Review of World Energy [EB/OL]. [2018-04-10]. https://www.bp.com/en/global/corporate/energy-economics/statistical-review-of-world-energy.html.

Cheung C, Morin S. The impact of emerging Asia on commodity prices[R]. Bank of Canada Working Paper 2007-55. Ottawa: Bank of Canada, 2007.

Diks C, Panchenko V. A new statistic and practical guidelines for nonparametric Granger causality testing[J]. Journal of Economic Dynamics and Control, 2006, 30(9/10): 1647-1669.

Figuerola-Ferretti I, Gonzalo J. Modelling and measuring price discovery in commodity markets[J]. Journal of Econometrics, 2010, 158(1): 95-107.

Frankel J A. The effect of monetary policy on real commodity prices[M]// Campbell J Y. Asset prices and monetary policy. NBER working paper w12713. Chicago, IL, USA: University of Chicago Press, 2008: 291-333.

Granger C W J. Causality, cointegration, and control[J]. Journal of Economic Dynamics and Control, 1988, 12(2): 551-559.

Granger C W J. Testing for causality: a personal viewpoint[J]. Journal of Economic Dynamics and control, 1980(2): 329-352.

Holtz-Eakin D, Newey W, Rosen H S. Estimating vector autoregressions with panel data[J]. Econometrica, 1988, 56(6): 1371-1395.

Hua P. On primary commodity prices[J]. Journal of Policy Modeling, 1998, 20(6): 767-790.

Koop G. Bayesian econometrics[M]. Chichester, England: Wiley, 2003.

Lalonde R, Maier P, Muir D V. Emerging Asia's impact on food and oil prices: a model-based analysis[R]. Bank of Canada Discussion Paper 2009-3. Ottawa: Bank of Canada, 2009.

Landgraf S, Chowdhury A. Factoring emerging markets into the relationship between global liquidity and commodities[J]. Journal of Economic Studies, 2015, 42(4): 622-640.

Lee L, Yu J. Spatial nonstationarity and spurious regression: The case with a row-normalized spatial weights matrix[J]. Spatial Economic Analysis, 2009, 4(3): 301-327.

Lesage J P, Llano C. A spatial interaction model with spatially structured origin and destination effects[J]. Journal of Geographical Systems, 2013, 15(3): 265-289.

Lesage J P, Pace R K. Spatial econometric modeling of origin-destination flows[J]. Journal of Regional Science, 2008, 48(5): 941-967.

Porojan A. Trade flows and spatial effects: The gravity model revisited[J]. Open Economies Review, 2001, 12(3): 265-280.

Sari R, Hammoudeh S, Soytas U. Dynamics of oil price, precious metal prices, and exchange rate[J]. Energy Economics, 2010, 32(2): 351-362.

Slade M E. The two pricing systems for non-ferrous metals[J]. Resources Policy, 1989, 15(3): 209-220.

Sohn I. Reflections on long-term projections of minerals and suggestions for a way forward[J]. Journal of Applied Business and Economics, 2008, 8(2): 67-80.

Tokgöz S. The impact of energy markets on the EU agricultural sector: 12th Congress of the European Association of Agricultural Economists - EAAE 2008, Ghent, Belgium, August 26 - 29, 2008[C]. Wageningen, The Netherlands: European Association of Agricultural Economists, 2008.

Trostle R. Global agricultural supply and demand: factors contributing to the recent increase in food commodity prices[M]. Washington, D.C.: US Department of Agriculture, Economic Research Service, 2008.

United Nations. Department of Economic and Socical Affairs. The world population prospects:2015 revision [EB/OL]. (2015-07-29) [2018-01-10]. https:// esa.un.org/en/development/desa/publications/world-population-prospects-2015-revision.html.

United Nations. UN comtrade database[EB/OL]. (2016-01-01) [2018-02-20]. http://comtrade.un.org/data/.

Watkins C, McAleer M.Cointegration analysis of metals futures[J]. Mathematics and Computers in Simulation, 2002, 59(1/2/3): 207-221.

Wind. Wind 资讯经济数据终端 EDB[EB/OL]. (2018-04-20)[2018-04-20]. http://www.wind.com.cn/New Site/edb.html

World Bank. World Bank Database[EB/OL]. (2016-01-01)[2018-04-20]. http://data.worldbank.org.cn/indicator.

World Steel Association. Steel statistics yearbook[M]. Brussels: WSA, 2003-2014.

后　记

矿产品市场的发展演变同时是国际矿产品市场供求关系变化和各国政策、资金、技术等方面的博弈结果,充分认识全球矿产品市场格局变化,对于各国进行经济战略部署、保障矿产资源战略安全等有着重要的作用。中国作为资源消费大国,资源消耗能力大于自给能力,对外依存度高,面对瞬息万变的国际局势和矿业风险,需要相关领域的专家学者对国际矿产品市场格局、价格波动特点及市场主体的应对策略进行深入系统的研究,为优化我国的资源开发利用政策和国际贸易、国际合作政策,加强我国矿业公司管理,保障我国经济安全和资源安全提供理论支持和决策依据。

本书主要分析的矿产品品种包括:石油、天然气、煤炭等化石能源,铁矿石锰矿等黑色金属及主要有色金属矿产(钨、锡、锑、钼)的专题研究。本书试图从国际矿业市场变化情况出发,系统的总结矿产品市场特点和规律,同时关注近期的贸易格局和价格变化,并以此作为中国应对策略的基本准则。本书相关数据来源于 BP、EIA、IEA、IMF、Index Mundi、OPEC、World Bank、PLATTS、ICE、UCube 以及 UN COMTRADE(联合国贸易商品统计数据库)、中国煤炭资源网、、WSA(世界钢铁协会)、CRU(大宗商品研究部门)、WIND(万得资讯)、BIR(国际回收协会)、USGS(美国地质调查局)、EPS(全球统计数据/分析平台)、世界钢铁统计数据 2016、四大矿业公司年报(必和必拓、淡水河谷、力拓、FMG)、西本新干线、中国铁合金在线、中国钢铁工业协会、中国钢铁联合会、中国冶金矿业企业协会、JOGMEC(日本石油、天然气、金属开采公司)、全球矿产资源信息平台、国务院发展研究中心数据库、中国国家统计局、中华商务网、中国工业统计年鉴、中国国土资源部、全国海关信息中心、中国金融信息网、新华网、海通证券等权威机构、数据库及网站提供。

参加本书编写的人员,除成金华、洪水峰、张亚外,还有申俊、尤喆、李琳、朱文琪、朱永光、彭昕杰、孙园园、叶念、周艳晶、左芝鲤、秦丹丹等。在本书编写过程中得到了中国地质大学出版社有关领导和专家的支持和帮助,在此一并表示感谢。

本书可供资源环境类和经济管理类研究生、本科生和关心国际矿业市场变化与中国矿业发展的人士阅读和参考。由于数据收集困难和统计口径不一致加之我们水平有限,不足之处在所难免敬请读者批评指正。对于参考专家学者部分,我们列出了主要参考文献,疏漏之处,敬请谅解。